W0272369

Das Kochbuch der Weimarer Klassik

Werner Bockholt · Michael Zawaba

Das Kochbuch der Weimarer Klassik

Ein literarisches Kochbuch

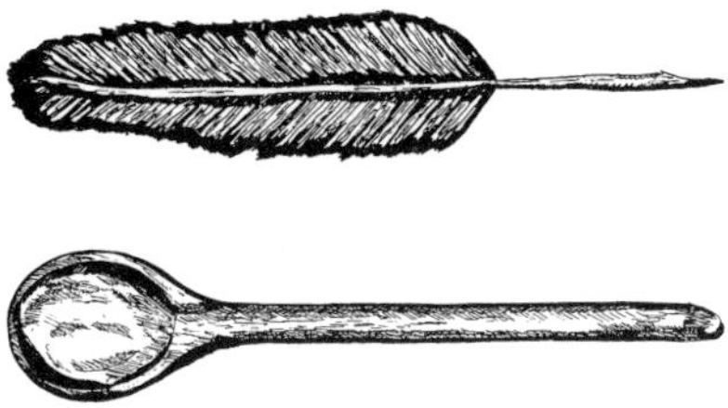

SCHNELL Warendorf

SCHNELL Buch & Druck
Warendorfer Lieblingsbücher

Impressum

Werner Bockholt · Michael Zawaba

Das Kochbuch der Weimarer Klassik
Ein literarisches Kochbuch

© Verlag SCHNELL Buch & Druck GmbH & Co. KG
Oststraße 24, 48231 Warendorf

In Zusammenarbeit mit dem

Dorint
HOTEL WEIMAR
Eine Idee persönlicher

Umschlaggestaltung und Zeichnungen:
Bernadette Kircher

Herstellung
SCHNELL Buch & Druck GmbH
Waterstroate 16, 48231 Warendorf

Warendorf, November 1998

ISBN 3-87716-837-x

Inhaltsverzeichnis

Die im literarischen Teil *kursiv* gesetzten Gerichte erscheinen ausführlich mit Rezeptur und Zubereitungshinweisen jeweils auf den folgenden Seiten. Die Rezepturen sind für vier Portionen erstellt.

Statt eines Imbisses, den ich erwartete, gab es eine Art Souper ...

Eine Einleitung

„Weimarer Klassik", wer denkt da nicht an bedeutende Persönlichkeiten der deutschen Literatur, die sich akkumulationsartig in der Hauptstadt des Herzogtums Sachsen-Weimar trafen und die Stadt für ein halbes Jahrhundert zum Zentrum des deutschen Kulturlebens machten, an Johann Wolfgang von Goethe und Friedrich Schiller, an Johann Gottfried Herder und Christoph Martin Wieland, aber auch an Johann Peter Eckermann und Jakob Michael Reinhold Lenz, an Jean Paul, Friedrich Maximilian, Johann Karl August Musäus, an Johann Joachim Christoph Bode und Friedrich Justin Bertuch. Um die Schriftsteller scharten sich aber auch Persönlichkeiten anderer kultureller Disziplinen, etwa der Maler Ferdinand Jagemann, der Musiker Johann Nepomuk Hummel, der Pädagoge Johannes Daniel Falk.

Außer den bedeutenden Männern, die Weimar ihr Gepräge gaben, haben aber auch eine ganze Reihe von Frauen dazu beigetragen, Weimar zu einem Zentrum der deutschen Kultur zu machen, so die Herzogin Anna Amalia, Charlotte von Stein, Luise von Göchhausen, Caroline Herder, Johanna Schopenhauer, Corona Schröter, Caroline Jagemann.

Als Wegbereiterin der Weimarer Klassik muß die Herzogin Anna Amalia angesehen werden. Nach dem Tode ihres Mannes und der Übernahme der Regierungsgeschäfte sorgte sie in dem verträumten Weimar für wirtschaftliche, soziale und bildungspolitische Reformen. Besonders herauszuheben ist allerdings ihr kulturelles Engagement. Hierzu zählte beispielsweise die Herzogin-Anna-Amalia-Bibliothek, die zwar schon seit 1619 bestand, aber unter ihrer Förderung erweitert wurde und bereits 1819 130.000 Bände vorweisen konnte. Anna Amalia holte Schauspieltruppen in die Stadt, um das Theaterleben zu intensivieren. Im Jahr 1772 gelang es ihr, Wieland als Erzieher ihrer Kinder nach Weimar zu holen. Weitere Persönlichkeiten wie Goethe (1775) und Herder (1776) folgten.

„Um diese drei sammelte sich - getreu dem Goethewort ‚Ein edler Mensch zieht edle Menschen an' - ein Kreis bedeutender Männer und Frauen, die Weimar auf Zeit oder Lebenszeit zum Ort ihres literarischen, künstlerischen oder wissenschaftlichen Strebens machten. Unter ihnen spielten Knebel, Heinrich Meyer, Riemer und Eckermann, Jean Paul, Kraus und Klauer, Hufeland, Falk und Kanzler Müller eine hervorragende Rolle. Geistvolle Frauen wie Charlotte von Stein, Luise von Göchhausen, Charlotte von Kalb, Carole Herder, Corona Schröter und Caroline Jagemann trugen zur Hebung des geselligen und kulturellen Lebens der Stadt bei" (F. Kühnlenz, Schiller in Thüringen, S. 42, 43).

Eine ganz besondere Bedeutung genießt Weimar im Hinblick auf die Entwicklung der deutschen Literatur. Zwischen der Ankunft Goethes in Weimar (1775) und Schillers Tod (1805) und Goethes Italienreisen als Achse entstand eine Literaturepoche, die ihren herausgehobenen Stellenwert durch die Zusammenarbeit von Goethe und Schiller erfuhr. Die Vergegenwärtigung der Humanität, die Beschäftigung mit dem Ideal einer ästhetisch ausgerichteten Lebensweise, die Orientierung an antiken Literaturmustern sowie die Verbindung von Vernunft und Sinnlichkeit sind nur einige Grundzüge, die diese Epoche charakterisieren.

Daß jedoch in Weimar nicht nur Literatur produziert und über literaturkritische Fragen diskutiert wurde, sondern daß auch die gesellige Seite nicht zu kurz kam, belegen zahlreiche Briefe und Tagebuchaufzeichnungen der Protagonisten und von Zeitgenossen.

Exemplarisch herauszuheben ist hier beispielsweise die Herzogin Anna Amalia, die Porzellan sammelte, aber auch der Tischkultur im geselligen Leben einen hohen Stellenwert einräumte; berühmt ist im Zusammenhang mit der Herzogin die Tafelrunde, bei der alles, was Rang und Namen im kulturellen Weimar hatte, versammelt war. Zum Beispiel war Friedrich Schiller, der sich am 28. Juli 1787 in Weimar aufhielt, auf

Schloß Tiefurt geladen.

Zusammen mit Charlotte von Kalb war er zum Tee, zum Konzert und zum anschließenden Souper bei der Herzoginwitwe Anna Amalia geladen. Hier traf er auch mit Wieland, dem Grafen von Solms und J. K. Schlick zusammen.

Nach der Rückkehr gab es noch in Weimar eine „Punschpartie" mit dem Grafen von Solms, mit Einsiedel und Gotter. Über seine erste Begegnung mit der Herzogin Anna Amalia schrieb Schiller:

„In einer kleinen halben Viertelstunde war die ganze Bekanntschaft in Ordnung. Wir waren zwei Stunden dort, es wurde Tee gegeben und von allem Möglichen viel schales Zeug geschwatzt. Ich ging dann mit der Herzogin im Garten spazieren, wo ich sie schönstens unterhielt."

Die Herzogin Anna Amalia sorgte nicht nur für eine kulturelle Atmosphäre, sondern trug durch entsprechende Speisen und Getränke für das leibliche Wohl bei. Hierbei ist auch der Großherzoglich Sächsisch-Weimarische Mundkoch Francois le Goullon anzuführen, der sich sogar mit mehreren Kochbüchern, die er verfaßte, einen Namen über das Herzogtum hinaus machte.

Beim Essen und Trinken in Weimar denkt man zwangsläufig aber auch an Charlotte von Stein und ihre kulinarische Beziehung zu Johann Wolfgang von Goethe. Daß sich zwischen den beiden zu Beginn von Goethes Weimarer Jahren eine intensive emotionale Beziehung entwickelte, die sich in einem regen Briefwechsel verdeutlicht (Goethe schrieb allein bald 2000 Billets), ist allgemein bekannt, daß sie jedoch häufig auch gemeinsam aßen, ist weniger geläufig. Da der Ehemann, Josias von Stein, häufig abwesend war, gab es zwischen Goethe und Charlotte von Stein oft die Gelegenheit, zusammen zu essen; entweder in Goethes Gartenhaus oder im Wohnhaus der Stein. So schrieb Goethe an Frau von Stein am 17. Mai 1776: „Dancke beste für den guten Morgen. Ich komme mit Ihnen zu essen und bring allerley mit." Was er mitbrachte, ist leider nicht bekannt. Aber einen Tag später war an den Brief an Charlotte Spargel aus Kalbsrieth gebündelt.

Am 19. Mai 1776 konnte Goethe selbstgestochenen Spargel

aus seinem eigenen Garten an Frau von Stein schicken: „Da sind Spargel, erst jetzt gestochen, lassen Sie sie nicht unter die andern kommen, essen Sie sie allein, daß Sie doch einmal das glückliche Vorurteil dafür haben; wie mir's eben am besten schmeckt, wenn ich sie mit Ihnen esse." Am 21. Mai gab es erneut Spargel. „Da liebe Frau wieder Spargel ich esse mit Ihnen." Die kulinarische Beziehung zwischen Goethe und Charlotte von Stein begann beim Spargel, wurde bei Erdbeeren fortgesetzt und erreichte Nachtisch und Biskuitkuchen, Pfirsiche, Schwartemagen, Bratwurst und und und.

Für Friedrich Schiller scheint das Essen und Trinken nicht ganz so wichtig gewesen zu sein, ihm ging es vor allem darum, zu arbeiten. Goethe erzählte Johannes Falk über Schillers Eßverhalten: „Als Schiller sich noch in Weimar befand, verschloß er sich oft acht Tage lang und ließ sich von keiner Seele sprechen. Abends um acht stand noch sein Mittagessen vor seinem Studierpult."

Dennoch konnte sich Schiller dem gesellig-kulinarischen Leben in Weimar nicht entziehen. Am 12. September 1787 war er zu einem Souper beim Verleger Bertuch geladen, Ende des Monats weilte er bei einem Souper bei Wieland.

Im Mai des Folgejahres nahm Schiller an zahlreichen Konzerten, Soupers und Picknicks in Weimar teil. Zu Silvester im Jahr 1790 war er bei Charlotte von Stein zum Mittagessen eingeladen. Am 20. Januar 1799 saß Schiller gemeinsam mit Wieland bei Goethe zu Tisch, am 10. Januar 1800 war Schiller zum Tee bei der Herzogin Luise geladen. Diese hatte eine besondere Beziehung zu Schiller, denn am 13. September 1799 erhielt er ein silbernes Kaffeeservice von ihr als Anerkennung für den „Wallenstein". Am 20. November 1803 gab Goethe eine Punschgesellschaft, zu der auch Schiller eingeladen war.

Schillers Frau Charlotte hat entscheidend dazu beigetragen, daß ihr Mann trotz angeschlagener Gesundheit und immer wieder auftretender finanzieller Sorgen im Hause an der Weimarer Esplanade eine produktive Schaffensperiode erleben durfte.

„Dieses Glück schenkte ihm vor allem seine Lotte. Unermüdlich in ihrer häuslichen Fürsorge, alles Störende, alles

Aufregende, alles, was seine schöpferische Kraft schwächen konnte, von ihm fernhaltend, war sie - unter Verzicht auf eigene Wünsche - nur darauf bedacht, ihm das Leben schön und behaglich zu machen. Mit den bescheidenen Mitteln, die ihr zu Gebote standen, umsorgte sie ihn und nahm dabei willig jedes Opfer auf sich. Lieber trank sie selbst keinen Kaffee, wenn sie ihm nur einen recht guten kochen konnte. Glücklichem Gelingen eines neuen Werkes steuerte sie die mühsam ersparte Flasche Sekt bei." ...

(F. Kühnlenz, Schiller in Thüringen, S. 180, 181)

Am 9. Mai des Jahres 1805 starb Friedrich Schiller. Als letztes Getränk soll er ein Glas Champagner zu sich genommen haben.

Zum kulturellen und geselligen Leben in Weimar gehörten die Literaturkreise und -zirkel, die immer auch kulinarisch von Interesse waren. Neben den Leseabenden bei der Herzogin Anna Amalia gab es u.a. die Teeabende bei Johanna Schopenhauer, die Freitagsgesellschaft und die Mittwochsgesellschaft, die bei Goethe in seinem Haus am Frauenplan zu Ehren von Herzogin Luise stattfand. Schiller, der gelegentlich auch an der Mittwochsgesellschaft teilnahm, schrieb hierüber an Körner:

„Es ist hier seit dem 1. Oktober eine Mittwochsgesellschaft von Damen und Herren, die recht artig ist, aber kein Adel wird zugelassen. Bei dieser bin ich auch, es wird gespielt, diskutiert, zuweilen auch getanzt und dann in Gesellschaft soupiert."

Neben dem Hof des Herzogs Karl August bildete das Goethe-Wohnhaus am Frauenplan ein weiteres gesellig-kulturell-kulinarisches Zentrum von Weimar.

Hierfür sorgte vor allem Christiane Vulpius, Goethes spätere Frau, die den zahlreichen prominenten Gästen und Besuchern ein für viele unvergeßliches Erlebnis bereitete. Dabei erwies sich Christiane als eine tüchtige Hausfrau, die ihr Hauswesen umsichtig ordnete, ihr Personal gut führte und sparsam haushaltete.

In Weimar entwickelte sich das Wohnhaus von Goethe am Frauenplan, das er im Jahr 1782 bezog, allmählich zu einem beliebten Treffpunkt von Dichtern, Künstlern, Wissenschaftlern und Repräsentanten der Gesellschaft. Ein wichtiger Bestandteil der zahllosen Besuche war das gemeinsame Essen und Trinken, das auch Einblick in die Eß- und Trinkgewohnheiten von Goethe und der Weimarer Gesellschaft gewährt. Immer wieder wird von den Besuchern, die bei Goethe zu Tisch weilten, die Eß- und Trinkkultur in höchsten Tönen gelobt.

„Bewundernd registrieren sie als Gäste im Haus am Frauenplan den wohlgedeckten Tisch, sie genießen den ausgezeichneten Wein, beobachten den Appetit, doch auch die Tranchierkünste des Hausherrn; sie bewahren die liebenswürdigen, die gravitätisch-ernsthaften Tischgespräche treulich im Gedächtnis, gedenken aber auch der munteren Lieder, der Scherze, des Schabernacks, die eine Runde einten und belebten. - Diese Gastlichkeit, von Goethe con amore in Szene gesetzt und lange Jahre durchgehalten, forderte von ihm Phantasie, Großzügigkeit, Geduld und vorbereitende Aufmerksamkeit. Wie der Vater, wie der Großvater sorgte er für Gärten und Krautland, die die Küche mit Gemüse und Obst beliefern, pflegte auch nach vielen Seiten Verbindungen, die mancherlei Delikatessen zusätzlich ins Haus brachten; er bedachte selbst den Speisezettel und spornte durch Lob und Tadel die Küche zu rechten Leistungen an und vergaß über diese praktische Fürsorge nicht, aus seinen Sammlungen bereit zu legen, was den Gästen konvenierte. Das Resultat dieser vielseitigen Bemühung war eine Geselligkeit, die in ihren besten Augenblicken die Lebensfülle und Ausgewogenheit eines Kunstwerkes besaß." (Mit Goethe durch das Jahr, 1980, S. 110)

Die Speisen und Getränke, die in Weimar zur Zeit der „Weimarer Klassik" auf den Tisch kamen, stehen in enger Verbindung zu den Kochbüchern, die in jener Zeit verwendet wurden. Neben den bereits erwähnten Kochbüchern von Francois le Goullon, die von der Herzoginwitwe Anna Amalia inspiriert und geprägt wurden, gab es das handgeschriebene Kochbuch von Goethes Großmutter, von Anna Margaretha Justina Lindheimerin aus dem Jahr 1724, ferner ist das Kochbuch von Schillers Schwiegermutter, Louise von Lengefeld, zu nennen. Aber auch das Sammeln von Rezepten war in Mode. So gehörte Johanna Schopenhauer zu den Frauen in Weimar, die Rezepte sammelten. Auch Goethes Schwiegermutter Ottilie von Pogwisch sammelte Rezepte und hatte sogar den Plan gefaßt, ein eigenes Kochbuch zu schreiben. Doch der Plan wurde nicht umgesetzt.

Die Ansichten über die Qualität des Essens und Trinkens im „klassischen Weimar" weichen jedoch erheblich voneinander ab. Dieses hängt aber auch mit den Standesunterschieden zusammen. So beziehen sich die Angaben zum Essen und Trinken vorwiegend auf die adlige Gesellschaft und das gehobene Bürgertum. Die Kost der „einfachen Leute" bleibt unberücksichtigt.

Frédéric Soret schrieb 1822 über das Essen und Trinken im „klassischen Weimar":

„Statt eines Imbisses, den ich erwartete, gab es eine Art Souper, das ich in meinem Tagebuch schrieb, weil es sehr abwich von dem, was wir in Genf gewöhnt sind. Zuerst reichte man Tassen herum, in denen ich Schokolade vermutete, es war kalte, sehr kräftige Fleischbrühe; dann kam Kaviar, kaltes Fleisch, Wild und anderes; darauf drei oder vier mächtige Platten mit Sardellen und Neunaugen, mit allerlei Salat und belegten Brötchen; dazu zwei- oder dreierlei Wein, in Essig eingemachte Früchte und Fruchttorte."

Die Polen Adam Mickiewicz und Antoni Edward Odyniec urteilten 1829:

„Hier kennt man weder jenen Überfluß und diese strafbare Vernachlässigung der Gäste, Kaffee oder Thee mit Backwerk, Butterschnitte mit einem Gläschen Wein, und wie jetzt, der Jahreszeit gemäß, Obst, - das ist überall die ganze Bewirtung, mit Ausnahme versteht sich, der größeren Einladungssoireen, bei denen schon andere süßere und ausgewähltere Leckerbissen vorgeführt werden." (J. Klauss, Alltag im klassischen Weimar, S. 31)

„Nach beendigtem Mittagsmahl zog sich die Herzogin zurück, und die übrigen Anwesenden zerstreuten sich nach allen Seiten hin, bis die Theestunde sie wieder vereinigte.“

Von Anna Amalia, der Tafelrunde, dem Tiefurter Journal und einem Perlhuhn, das 24 Eier legte

Vielleicht den entscheidenden Stellenwert bei der Ausbildung der Weimarer Klassik nahm die Herzogin Anna Amalia ein. Sie kann gleichsam als Wegbereiterin der Weimarer Klassik angesehen werden.

Das gesellige Leben in Weimar konzentrierte sich zunächst fast ausschießlich auf den Hof. Für Außenstehende gab es keine Zugangsmöglichkeiten. Diese änderten sich erst durch die Herzogin Anna Amalia, aber auch durch das Erscheinen von Goethe auf der Weimarer Bildfläche. So hatte zunächst Goethe als „Bürgerlicher“ keinen Zutritt zum Hof, erst, als er geadelt wurde (Mai 1782), öffneten sich ihm die adligen Türen. Auch Charlotte Schiller, obwohl von adliger Herkunft, erhielt erst wieder Zutritt nach der Nobilitierung ihres Mannes.

Anna Amalia ist es zuzuschreiben, daß die bestehenden strengen Standesunterschiede zumindest gelockert wurden. Erst dadurch wurden die Voraussetzungen geschaffen, Dichtung, Theater, Musik und Kunst in Weimar zur Blüte zu bringen und die Weimarer Klassik zu einem Begriff zu machen.

Am Anfang standen jedoch die gesellschaftlichen Aktivitäten, die Weimar aus dem kleinstädtischen Dornröschenschlaf erweckten. Im Winter wurden Schlittenpartien veranstaltet, im Sommer gab es Ausritte. Bei Spaziergängen etwa zeigte sich die Herzogin mit dem Hof an Sonn- und Feiertagen auf der Esplanade.

1764 kam es in Weimar zur Gründung einer Freimaurerloge. Der Herzogin Anna Amalia gelang es, während ihrer Regentschaft, aber auch, nachdem sie die Regierungsgeschäfte an ihren Sohn Carl August übertragen hatte, in Weimar entscheidende gesellschaftliche und kulturelle Impulse zu setzen.

Dazu gehörte beispielsweise, daß sie Bälle und Redouten in dem kleinstädtisch und provinziell anmutenden Weimar einführte.

„Sobald die Herzogin erschien, traten unter Trompeten und Pauken die Zutrittsdamen, dann die übrigen näher und wurden zum Rockkuß zugelassen. Darauf tanzte die Herzogin mit einem distinguierten Fremden oder Kavalier ganz allein Menuett; dann erst durften die übrigen folgen. (...) In der Regel waren englische Tänze, namentlich der schottische Tri üblich; erst später kamen dann die sogenannten Allemagnes, Vauxhalls und rascher Walzer auf. Die Hofbälle endeten am späten Morgen, nachdem man an getrennten Tafeln, den Hof- und Marschallstafeln, gespeist hatte." (W. Bode, Amalie, Bd 1, S. 134)

Grundlegende Veränderungen im Bereich der Kultur im weitesten Sinne wurden erst eingeleitet, als Johann Carl August Musäus nach Weimar kam und dort Gymnasialprofessor wurde. Besonders durch die Herausgabe von deutschen Volksmärchen machte sich Musäus einen Namen. Im Jahr 1772 wurde Christoph Martin Wieland von Anna Amalia nach Weimar geholt und Erzieher ihrer Söhne Carl August und Constantin.

Damit wurde der erste wichtige Mosaikstein für die spätere Bedeutung Weimars gelegt.

„Von diesem Augenblick an wurde Weimar zum Kunst- und Musenhof schlechthin, zum Anziehungspunkt für die literarisch interessierte Welt. Kein Dichter von Rang dieser Epoche, der sich nicht vorübergehend oder für immer dort niedergelassen hätte. Es ist Anna Amalias Verdienst, diese Entwicklung angeregt zu haben." (U. Salentin, Anna Amalia, S. 62)

Die Herzogin Anna Amalia war musisch sehr begabt und interessiert. Sie hatte eine Vorliebe für italienische Musik, pflegte ihre Leidenschaft für das Theater. Das Theaterleben wurde allmählich in Weimar wiederbelebt. Komödien und Singspiele standen auf dem Programm. Ein gewisser Wendepunkt im positiven Sinne war 1775 zu verzeichnen, als Johann Wolfgang Goethe auf Einladung von Herzog Carl August nach Weimar kam. Eigentlich war lediglich ein Besuch geplant, aber Goethe blieb für immer. Und daran hatte auch die alte Herzogin Anna Amalia einen nicht zu unterschätzenden Anteil.

„Anna Amalia besaß das Talent, Menschen in ihren Bann zu ziehen und geistig ähnlich Interessierte um sich zu scharen. Darüber hinaus aber verstand sie es, die literarischen Genies ihrer Epoche an sich und den Weimarer Hof zu binden. Goethe, Wieland, Herder und später auch Schiller (1759-1805) lebten in bestem Einvernehmen mit ihr. Dies gelang vermutlich nur, weil Anna Amalia einen hohen Respekt vor der Einmaligkeit dieser Persönlichkeiten hatte und jeden von ihnen, so wie er war, zu würdigen wußte. (...) Standesschranken schienen nicht zu existieren. Geist und Talent standen höher als der Rang der Geburt. Als Patin einiger Wielandscher und Herderscher Kinder, als Verbündete der Dichterfrauen, als Briefpartnerin von Goethes Mutter Aja gelang es Anna Amalia, stets eine familiär vertraute Atmosphäre zu schaffen." (U. Salentin, Anna Amalia, S. 125)

Im Jahr 1775 übergab Anna Amalia die Regierungsgeschäfte an ihren Sohn Carl August. Damit hatte sie viel Zeit, um sich intensiver der Kultur in Weimar zu widmen.

Zu ihren Leistungen zählt beispielsweise die Tafelrunde, die jeweils montags stattfand. In der Regel fand dieser „Kulturzirkel" im Wittumspalais statt; im Sommer wich man nach Ettersburg aus, ab 1781 nach Tiefurt. Bei der Tafelrunde handelte es sich um ein Treffen von Adligen, Angehörigen des Hofes sowie Literaten und Künstlern. In lockerer ungezwungener Atmosphäre gab es Gespräche über Kunst und Literatur, Vorlesungen, musikalische Darbietungen, es wurde gezeichnet und gemalt und über das Theater diskutiert.

Im Jahre 1774 wurde das Weimarer Stadtschloß durch ein Feuer zerstört. Der Herzogin wurde daraufhin das Wittumspalais, südlich des Weimarer Theaterplatzes, zur Verfügung gestellt. Seit 1775 war das Gebäude Anna Amalias Witwensitz. Noch heute spiegelt sich im Innern des barocken Gebäudes die gehobene bürgerliche Wohnkultur des späteren 18. Jahrhunderts wider. Die Gestaltung des Hauses geht im wesentlichen auf die Herzogin zurück. Dabei unterstützten sie der Maler Adam Friedrich Oeser aus Leipzig und die Hofdame Louise von Göchhausen, die im Wittumspalais eine Mansardenwohnung bezog.

Im ersten Stock liegt das sogenannte „Tafelrundezimmer“, in dem sich 1775 die sogenannte Tafelrunde etablierte.

Mitglieder der Tafelrunde waren: Wieland, Herder, Bertuch, Bode, Musäus, Goethe, J. H. Meyer, von Knebel, von Seckendorff, M. G. Kraus, von Einsiedel, Ch. Gore, L. v. Göchhausen, Ch. v. Stein, später auch Schiller.

Als Gäste galten die Stolbergs, Merck und Oeser.

Ein Aquarell, von Georg Melchior Kraus 1795 gemalt, zeigt die Tafelrunde im Weimarer Wittumspalais. Folgende Personen sind versammelt: J. H. Meyer, Henriette von Fritsch, Goethe, F. H. v. Einsiedel, Anna Amalia im Mittelpunkt: daneben Eliza Gare, Charles Gore, Emily Gore, Louise von Göchhausen und Herder.

Neben dem runden Tisch und den Personen sind die kulturellen Attribute der Beschäftigung zu sehen: Bücher in unterschiedlichsten Stellungen, stehend, liegend, aufgeschlagen; ferner Bilder, zusammengerollt und in einer Mappe verschlossen; daneben wird aber auch deutlich, daß sich Louise von Göchhausen beim Zuhören mit anderen Arbeiten, vielleicht Tapisseriearbeiten beschäftigt. Die Personen der Tafel lesen, schreiben, hören zu, diskutieren.

Neben den geistigen Genüssen bot die Tafelrunde aber auch kulinarische. Ein Kaffee- oder Teegedeck deutet darauf hin.

Herder schrieb 1791 in einem Brief an Knebel über die Tafelrunde bei der Herzogin:

„Bei der Herzogin-Mutter wird gewöhnlich Montags gelesen. Einige Shakespearesche Stücke, Lessings ‚Nathan‘ und ‚Emilia Galotti‘, Goethes ‚Iphigenie‘ und ‚Tasso‘. Wielands ‚Pervonte‘, sein ‚Liebe um Liebe‘ u.a. sind so vorgetragen worden, sehr anmutig, und ich muß bekennen, daß Wielands Poesien mir noch nie in einem so reizenden Licht erschienen sind.“

Damit wird auch die Atmosphäre der Tafelrunde angerissen. Hier wurden neueste literarische Produkte von den Autoren gelesen und besprochen. Zur Entspannung wurde gezeichnet und gemalt. Im Mittelpunkt des Zusammentreffens stand aber das Gespräch mit geistig interessierten und bedeutenden Personen. Daß es dabei auch „lustig und übermütig" zuging, versteht sich von allein, es fehlte natürlich auch nicht an Speisen und Getränken.

Eng angelehnt an die Tafelrunde der Fürstin Anna Amalia waren die „Freundschaftstage", die von Louise von Göchhausen veranstaltet wurden. An jedem Samstag in der Winterzeit gab es im Wittumspalais ein *Frühstück* in der Mansardenwohnung der Hofdame. „Alle kamen, und alle kamen gern. (...) die Gelehrten, die höheren Beamten, die Schönen Geister, neben ihnen die Damen und Herren vom Hof. Selbst Wieland, selbst Goethe ließen sich dann und wann blicken. - Jeder brachte eine Gabe, die Unterhaltung zu beleben: ein Gedicht, ein Lied, ein neues Buch, eine Anekdote. Man diskutierte und philosophierte, aber nicht zu ernsthaft; man las und musizierte, aber nicht zu lang; man genoß die ‚Freundschaftsbrötchen', den ‚Freundschafts-Mokka', von der Hausfrau selbst bereitet, man scherzte, war vergnügt, man fühlte sich behaglich." (E. Biedrzynski, Goetes Weimar, S. 108)

Karl August Böttiger bezeichnete die Zeit der Tafelrunde als „eine der glücklichsten Perioden".

„Eine der glücklichsten Perioden war die Zeit, wo die Herzogin, die noch etwas vom Glanz ihrer Regentschaft beibehalten und nun ihre Muße genießen wollte, in Ettersburg lebte. Zigeunerwirtschaft. Comödie bey Fackelschein im Walde. Bode spielte die erste Violine, Einsiedel das Violoncello. Die schönsten Quartetts von Boccarini wurden geschlachtet. Der immer dienstfertige Seckendorf komponierte und versifizierte, was man haben wollte, konnte sich aber doch nur einige Jahre erhalten, und es war ein Glück für ihn, daß ihn der König v. Preußen im Beyreuthischen employirte. Knebel machte den Hofstaat des Prinzen Constantin in Tiefurth sehr liberal, hatte wöchentlich mehrmals offene Tafel, bildete den Prinzen zum Dilettanten in den Musenkünsten, (die er nie verstand, u. lieber den Kammerdiener zu seinem Vertrauten u. Kuppler machte,) u. reichte immer nicht mit dem Gelde des Prinzen aus" (12. Nov. 1796)

Im Jahr 1780 gab Anna Amalia ihren Sommersitz in Ettersburg auf und verlegte ihn nach Tiefurt. Zu dem Dorf, das etwa 5 km nordöstlich von Weimar liegt, gehört das kleine Schloß, das mit dem Erscheinen der alten Herzogin zum Mekka der Weimarer Hofgesellschaft und geistiger und kultureller Mittelpunkt wurde. Dazu trugen insbesondere auch Goethe, Herder und Bertuch bei. Vor allem spielte Wieland hierbei eine wichtige Rolle. Anna Amalia mietete ihm in Tiefurt sogar eine Wohnung, um ihn in ihrer Nähe zu haben. Die Aktivitäten, die im Wittumspalais, aber auch in Ettersburg gepflegt wurden, fanden hier ihre Fortsetzung. Anna Amalia stand im Mittelpunkt, wenn Theater gespielt, musiziert, gemeinsam gelesen oder diskutiert wurde. Das Schloß Tiefurt mit seinem Park ist unmittelbar an eine Flußschleife der Ilm angelegt. Mit Goethe als Berater wurde von Anna Amalia der Park im englischen Stil umgestaltet und mit Denkmälern, Steinen, Inschriften, Monumenten, einer künstlichen Felsengrotte, einem Naturtheater und Musentempeln ausgestattet. Interessant ist in diesem Zusammenhang auch, daß 1805 im Park ein Teesalon errichtet wurde.

Das Schloß Tiefurt zeigte sich weniger repräsentativ. Es war eher bescheiden und einfach ausgestattet. Doch es war ein poetischer Ort, ein Ort der Ruhe und ein Begegnungsraum in und mit der Natur.

Das Schloß vermittelt auch in der Gegenwart noch die Atmosphäre der Weimarer Klassik. Im ersten Stock, im Speisezimmer, trafen sich die Mitglieder der Tafelrunde.

Der Raum ist ausgestattet mit Möbeln der Zeit und einer Porzellansammlung, die kostbare Fayencen und Stücke der Porzellanmanufaktur Fürstenberg enthält. Diese Porzellansammlung geht auch zurück auf Anna Amalia, die Porzellan sammelte und eine Vorliebe für Tischkultur besaß.

„Eine Besonderheit der Porzellansammlung Amalias ist die ‚Kalte Küche' in Schloß Tiefurt. Der Name ist dem alten Flurnamen entlehnt, womit man den Steilhang links der Ilm bezeichnet, wo es zu Zeiten der Herzogin Dorothea Maria gespukt haben soll. Sie soll 1617 durch ein Gespenst, das ihr Pferd erschreckte, samt diesem in die Ilm gefallen sein. Die Kalte Küche in Tiefurt ist eine Sammlung, in der alle Gerichte, das *Hähnchen*, der *Karpfen*, die *Krebse*, die *Erbsenschoten*, die *Semmel* und die *grünen* und *weißen Spargel* aus Porzellan sind, gestaltet als Deckeldosen nach Meißner Vorbild in Thüringer Manufakturen.“ (C. M. Werner, Goethes Herzogin Anna Amalia, S. 185)

Das Leben im Schloß Tiefurt und dem angrenzenden Park wird sehr realistisch von Henriette Egloffstein (1773-1864) beschrieben, deren musikalische Begabung die Herzoginwitwe zu schätzen wußte.

„In dem stillen Thale, das die bescheidene Ilm durchschlängelt, schuf sie sich und ihren Verehrern ein anmutiges Sorgenfrei. Tiefurt mit seinem niedrigen Pächterhause ward nunmehr der Sammelplatz aller großen Geister des verflossenen Jahrhunderts. Hier herrschte Amalia in weit höherem Sinne über die Gemüther und zog durch ihre himmlische Milde alle Herzen an. In der Atmospähre, die sie umgab, erschloß sich das Reich der Poesie Jedem, dem es vergönnt ward, das Heiligthum zu betreten, wo die Freundin und Beschützerin der Künste in einfacher Häuslichkeit thronte. Der Friede, den sie hier genoß, ging auf diejenigen über, welche das Glück in ihre Nähe führte. Diese Gunst ward Vielen zu Theil, aber nur Wenige konnten sich rühmen, zu den Auserwählten der Herzogin zu gehören. Denn wie huldvoll sie auch alle Besuchenden empfing und duldete, so war doch die Zahl derer gering, die sie vorzugsweise begünstigte und am liebsten um sich sah. Von dieser Vorliebe bemerkten die Uebrigen keine Spur, wenn Amalia im weiteren Kreise als Fürstin repräsentierte; dann bezeichnete sie ihre Auserkorenen nur durch ein kaum bemerkbares Kopfnicken und das bezaubernde Lächeln, das ihr eigen war, damit Niemand die Vertraulicheit ahne, die zwischen ihr und ihren Lieblingen herrschte. Ueberhaupt leuchteten die innigen Gefühle ihres Herzens nur dann aus der Tiefe desselben hervor, wenn sie, von äußerem Zwang und Förmlichkeit befreit, sich in ihrer ganzen Natürlichkeit gehen lassen durfte.

Deshalb entsprach auch die Lebensweise in Tiefurt ihren Neigungen am meisten, und mit Sehnsucht harrte sie stets dem Frühjahr entgegen, das sie, die innigste Freundin der Natur, dahin zurückführte, wo sie für den Druck der Verhältnisse entschädigt werden sollte. Schon am frühen Morgen sah man dort die Herzogin im schlichten Gewande, das aufgerollte schöne Haar unter dem einfachen Strohhut verborgen, ihre lieben englischen Hühner und Tauben füttern. War dies Geschäft vollbracht, dann wandelte sie allein, mit einem Buche in der Hand, zu ihrer Lieblingsbank im Park. Hier verweilte sie, theils lesend, theils ernsten Betrachtungen hingegeben, bis das Schlagen der Mittagsstunde von dem Thurm der kleinen Dorfkirche sie an die Rückkehr mahnte. Schnell ward nun die prunklose Toilette gemacht, während welcher die angelangten Briefe durchgelesen wurden; dann trat die Herzogin aus ihrem bescheidenen Schlafzimmer in die eben so bescheidenen Wohngemächer, woselbst ihr kleiner Hofstaat nebst denen sie erwartete, die zu den täglichen Tafelgenossen gerechnet werden konnten. Zu diesen gehörte insbesondere der alte Wieland, dem Amalia aus kindlicher Anhänglichkeit eine eigene Wohnung in Tiefurt hatte bereiten lassen, die er in den letzten Jahren seines Lebens regelmäßig jedes Frühjahr bezog, um in behaglicher, ländlicher Ruhe seine spätern Werke vollenden zu können. Der Andrang von Fremden war jedoch so groß, daß selten ein Tag verging, an welchem nicht mehrere derselben zur Tafel gezogen werden mußten, die hier als der einzige wahrhaft luxuriöse Gegenstand daran erinnerte, daß man sich in einem fürstlichen Hause befand. Nach beendigtem *Mittagsmahl* zog sich die Herzogin zurück, und die übrigen Anwesenden zerstreuten sich nach allen Seiten hin, bis die *Theestunde* sie wieder vereinigte. War das Wetter günstig, so strömten nun aus allen Gegenden die Besucher herbei und vermehrten die Gesellschaft, welche der Herzogin in den Park folgte, wo im Schatten hoher Bäume der Theetisch bereit stand. Da man wußte, daß Amalia Frohsinn und Ungezwungenheit über alles liebte, so ließen die Gäste ihre Laune nach Willkühr walten, und bald belebten Scherz und Spiel des jüngern Theils der Versammlung den stillen Park. Wer jedoch an dem lärmenden Zeitvertreib der Jugend keinen Antheil nehmen konnte oder wollte, dem stand jede andre seinem Alter und Geschmack zusagende Unterhaltung zu Gebote, bis die sinkende Sonne alle Anwesende, die nicht zum Verweilen an der geweihten Stätte berufen waren, zum Aufbruch zwang. Wenn nun auf das geräuschvolle Treiben des Tags jene feierliche Stille des Abends folgte, die den Menschen zur Einkehr in sich selbst aufzufordern scheint, dann begann der höchste Genuß für die Zurückbleibenden in dem friedlichen Hause. Hier beschäftigte man sich theils mit Musik, welche Amalia leidenschaftlich liebte, theils auch mit Durchblättern der neusten Produkte der Literatur. Fand sich etwas besonders Anziehendes darunter, so übernahm die Hofdame von Göchhausen das Amt der Vorleserin, während die übrigen Damen der Herzogin bei einer großen Tapisserie-Arbeit behülflich waren, die sie ihrem geliebten Sohne bestimmte. War das Wetter so ungünstig, daß kein Abendspaziergang stattfinden konnte, dann bequemte sich die Fürstin dazu, eine Spielpartie mit Wieland zu machen, oder Wieland rückte selbst mit einem eben vollendeten Hefte seiner Werke heraus. Doch, wehe dem! der sich nicht der strengsten Aufmerksamkeit bei seiner Lectüre befleißigte, oder wohl gar ein unwillkührliches Geräusch sich zu Schulden kommen lies! Augenblicklich versenkte der grämliche Alte unter den heftigsten Schelten sein Manuskript wieder in die Tasche und zog sich in ein Schmollwinkelchen zurück, wo er, trotz aller Entschuldigungen des störenden Theils und der milden versöhnenden Worte der duldsamen Fürstin verharrte, bis das runde Tischchen mit dem frugalen Abendessen ins Zimmer getragen wurde, an welchem die begünstigten Mitglieder des vertrauten Kreises einst köstliche, nur zu schnell entschwundene Stunden verlebten, weil Amalia in ihrer Mitte von jedem Zwange befreit, die verborgensten Schätze ihrer Seele enthüllte, oder mit bezaubernder Anmuth und Einfachheit die merkwürdigsten Episoden aus ihrer glänzenden Vergangenheit erzählte. Von Liebe und Verehrung durchdrungen lauschten die beglückten Zuhörer ihren Worten mit verhaltenem Athem, um keins derselben zu verlieren und wünschten den Zeiger der Uhr festbannen zu können, damit er nicht die Stunde verkünde, in welcher die Herzogin zu entlassen und sich zur Ruhe zu begeben pflegte. Indessen zeigte auch der Aufenthalt in Tiefurt die Wahrheit des bekannten Mottos: les jours se suivent, mais ils ne se resemblent pas. Denn nicht jeder Tag glich dort dem eben geschilderten, da die Stimmung der geliebten Fürstin von dem Eindruck abhing, den die Besuchenden auf sie machten. Es erklangen auch mitunter Mißtöne, welche die sanfte Harmonie des Tiefurter Lebens störten. Im vertrauten, täglichen Umgange mit den berühmten Männern, die Weimar zu einem Sitz der Musen umgeschaffen hatten, erkannte man die Richtigkeit des Satzes: ‚wo viel Licht ist, da ist auch viel Schatten'. Vermöge der zwanglosen Freimüthigkeit, womit Jeder in Gegenwart der Herzogin Amalia seine individuellen Ansichten aussprechen und verteidigen durfte, knüpften sich zwischen den hochbegabten Besuchern von Tiefurt die geistreichsten Unterhaltungen an, doch gingen diese nur allzu oft in heftige Diskussionen über, bei welchen Wielands launenhafte Krittelei, Herders persifflirender beißender Witz, so wie Knebels unbezämbare Leidenschaftlichkeit, vor allem aber Goethes diktatorisches Genie kräftig hervortraten und dem Streitenden nicht selten scharf verletzende Worte auf die Zunge legten, die den stets vorhandenen Brennstoff in den Gemüthern so gewaltig anfachten, daß selbst Amaliens Gegenwart und ihre versöhnende Milde nicht hinreichten, die hoch auflodernden Leidenschaften zu dämpfen."

Ein Produkt der Weimarer Tafelrunde war das Tiefurter Journal, eine Zeitschrift, die zunächst wöchentlich, später dann als Monatszeitschrift erschien. In dem Zeitraum zwischen 1781 und 1784 kamen insgesamt 49 Ausgaben heraus. Herausgeberin war Anna Amalia; für die Redaktion war Einsiedel zuständig, während Louise von Göchhausen die Sekretariatsfunktion ausübte. Von zwei professionellen Schreibern und vier Primanern des Weimarer Gymnasiums wurden die insgesamt 11 Exemplare jeweils handschriftlich erstellt.

Der Inhalt bestand vornehmlich aus Abhandlungen zur Literatur und Musik, aus Lyrik, Prosa, Übersetzungen, aber auch

Rätseln, Scharaden und Preisfragen. Die große Palette wird z. B. darin deutlich, daß unter der Überschrift „Außerordentliche Begebenheiten“ von einem Tiefurter *Perlhuhn* berichtet wurde, das in der Lage war, 24 Eier zu legen.

Die Beiträge für das Tiefurter Journal waren grundsätzlich anonym; die Leser machten es sich jedoch zur Aufgabe, Textbeiträge bestimmten Autoren zuzuordnen.

Während Goethe insbesondere Gedichte für das Tiefurter Journal verfaßte, waren daneben als Autoren Anna Amalia, Carl August, Wieland, Herder, von Knebel, von Einsiedel, von Seckendorf, L. von Göchhausen, E. von Werthern und S. von Schardt für die Publikation tätig.

Die Ziele des Tiefurter Journals bestanden darin, den Geist und die Atmosphäre der Tafelrunde festzuhalten, aber auch darin, literarischen Talenten eine Plattform für ihre Arbeit zu geben.

Von daher gesehen ist die Bedeutung der Zeitschrift unbestritten.

„Das Journal ist ein bedeutendes Dokument der menschlichen und geselligen Bildung des Weimarer Musenhofes in frühklassischer Zeit.“ (G. v. Wilpert, Goethe-Lexikon, S. 1072)

Perlhuhn mit Apfel-Rosinenfüllung

1 St Perlhuhn
Salz, Pfeffer, Butterschmalz
0,2 l Apfelwein
0,3 l Geflügelfond oder Fleischbrühe
300 g Röstgemüse
2 St Äpfel
20 g Zucker
1 St Zimt
0,15 l Apfelsaft
100 g Walnüsse
100 g Rosinen
50 g Croutons
100 g Geflügelleber
2 St Schalotten
Petersilie, Calvados

Zucker zu Caramel schmelzen, mit Apfelsaft ablöschen, Zimt zugeben.

Die Äpfel schälen, entkernen, in Würfel schneiden und darin glacieren.

Schalotten schälen, in Würfel schneiden und in etwas Butter anbraten.

Gewürfelte Leber dazugeben und kurz mitbraten, mit Calvados ablöschen.

Alle Zutaten für die Füllung mischen.

Das Perlhuhn säubern und innen und außen mit Salz und Pfeffer würzen.

Die Füllung in die Bauchöffnung geben und verschließen.

Das Perlhuhn in einem Bräter im Backrohr mit dem Butterschmalz auf jeder Seite ca. 10 Minuten anbraten.

Röstgemüse dazugeben, das Perlhuhn auf den Rücken legen und mit dem Apfelwein aufgießen.

Das Perlhuhn ca. 20 Minuten schmoren, dabei öfter mit Bratensaft übergießen.

Das Perlhuhn herausnehmen und den Bratensaft mit dem Geflügelfond verkochen.

Sauce abschmecken und evtl. mit Stärke binden.

Kleine Eierkuchen

125 g Weizenmehl
70 g Puderzucker
6 St Eier
0,6 l Milch
Zitronenzeste, Prise Salz

*

Mehl sieben und mit der Milch glattrühren.

Eier, Gewürze und Zucker zugeben und durchschlagen.

Falls Klümpchen im Teig sind, durch ein Sieb passieren.

In wenig Fett in einer Pfanne dünn ausbacken.

Mit Quittengelee oder Preiselbeeren zum Frühstück oder Tee servieren.

SPARGELSPIESSE MIT HÄHNCHENBRUST

4 St Hähnchenbrust
12 St Spargel, grün
Olivenöl zum Braten
Salz, Pfeffer, Knoblauch, Thymianzweig

*

Spargelstangen dünn schälen.

In gezuckertem Salzwasser ca. 4 Minuten kochen.

Von den Hähnchenbrüsten die Haut entfernen und in drei Teile schneiden.

Hähnchenbrustteile einschneiden und auf Spargelstangen stecken, würzen.

Spargelspieße in Olivenöl mit Knoblauchzehe und Thymian braten.

Mit Oliven-Kartoffelpüree oder Kräuternudeln servieren.

Krebsschwänze im Holunderblütenteig gebacken

1,2 kg Krebse
0,4 kg Gemüse (Fenchel, Sellerie, Lauch, Karotten)
0,25 kg Mehl
2 St Eigelb
0,25 l Weißwein (Muskat)
30 g flüssige Butter
etwas Salz
8 St Holunderblüten
Fett zum Fritieren

*

Krebse unter fließendem kalten Wasser waschen.

Gemüse putzen und in Wasser aufkochen.

Krebse in kochenden Gemüsesud schütten und nach einer Minute die Temperatur reduzieren.

Krebse ca. 4 Minuten ziehen lassen und aus dem Sud nehmen.

Nach dem Abkühlen das Schwanz- und Scherenfleisch ausbrechen.

Das Mehl sieben und mit dem Wein glattrühren. Eigelb, flüssige Butter und eine Prise Salz zugeben.

Holunderblüten waschen, zupfen und unter den Weinteig geben.

Eiklar steifschlagen und unterheben.

Krebsschwänze mit etwas Salz und Zitronensaft marinieren.

Krebsschwänze mit einem Spieß durch den Ausbackteig ziehen und bei 180 Grad im Fett goldgelb backen.

Tip: Als Sauce eignet sich sehr gut Crème fraîche, die mit Joghurt, Zitronensaft und frischen Kräutern abgeschmeckt wird.

Karpfen mit Meerrettich-Hollandaise

1 kg Karpfenfilet
0,4 l Fischfond oder Weißwein
1 St Zwiebel, klein
Lorbeerblatt, Pfefferkörner, Wacholderbeeren

300 g Butter
4 St Eigelb
0,1 l Weißwein
3 cl Weinessig
1 Eßlöffel Zwiebeln, fein gehackt
Lorbeerblatt, Pfefferkörner
2 Eßlöffel Meerrettich, gerieben
Salz, Zitronensaft, Zucker

*

Karpfenfilets in Portionsgröße schneiden und würzen.

Die Zwiebel kleinschneiden und in etwas Butter anschwitzen, mit Fischfond ablöschen.

Karpfenstücke hineinlegen und garziehen lassen.

Für die Sauce:
Butter klären und passieren.

Zwiebelwürfel in etwas Butter anschwitzen und mit Weißwein ablöschen.
Essig und Gewürze zugeben, bis auf ein Drittel reduzieren und passieren.

Reduktion und die Eigelb über einem Wasserbad aufschlagen (ca. 65 Grad).

Vom Herd nehmen und die geklärte Butter vorsichtig nach und nach einrühren.

Mit Meerrettich, Salz, Pfeffer, Zitronensaft und etwas Zucker abschmecken.

„Die Bereitung des Tees ist an sich zu einfach und allgemein bekannt, um etwas hierüber sagen zu können.“

Der Großherzoglich Sächsisch-Weimarische Mundkoch Francois le Goullon und der „elegante Theetisch“ in Weimar

Während in Weimar die Mitglieder des Hofes, aber auch die Dichter und Künstler immer wieder im Mittelpunkt standen, so rückten viele Menschen in Weimar in den Hintergrund, deren Leistungen dennoch für die Ausbildung Weimars zum Zentrum der deutschen Geistesgeschichte unverzichtbar waren. Zu diesen guten Geistern im Hintergrund zählte der „Großherzoglich Sächsisch-Weimarische Mundkoch" Francois le Goullon (1757-1839), der zunächst im berühmten Hôtel de France tätig war, dann in die Dienste Anna Amalias trat und mit seinen Kochkünsten die kulinarischen Bedürfnisse am Weimarer Hof befriedigte. Die Herzogin Anna Amalia von Sachsen-Weimar-Eisenach (1739-1808) hatte eine Vorliebe für das, was man als Tischkultur bezeichnet. Sie liebte Porzellan, sammelte Produkte der Porzellanmanufaktur Fürstenberg, die ihrem Vater gehörte, besuchte die Porzellanmanufaktur Meißen. Anna Amalia förderte damit eine Eß- und Trinkkultur in Weimar. Francois le Goullon unterstützte sie dabei maßgeblich. Er war gleichsam ein Vertreter der „modernen Küche" des späten 18. Jahrhunderts. Er wußte Tendenzen zu erkennen, aufzunehmen und anzuwenden. Die Veränderungen, die gerade in dieser Zeit auch in Weimar deutlich werden, griff le Goullon auf. So rückte beispielsweise der Tee als Modegetränk in den Vordergrund.

Dabei zeigte sich le Goullon als ein Vertreter einer gehobenen anspruchsvollen Küche, die für die sozialen Oberschichten konzipiert wurde.

Berühmtheit im Schatten der Weimarer Dichter und Denker erlangte Francois le Goullon durch seine Kochbücher, die er verfaßte. Im Jahre 1809 erschien beim Verleger Wilhelm Hoffmann in Weimar, dessen Vater im Cranachhaus 1732 eine Buchhandlung gegründet hatte, in der auch später Goethe verkehrte, das erste Kochbuch mit dem Titel „Der elegante Theetisch oder die Kunst", einen glänzenden Zirkel auf eine geschmackvolle und anständige Art ohne großen Aufwand zu bewirten." Der Erfolg des Werkes muß groß gewesen sein, denn 1815, 1816 und 1829 erfolgten Neuauflagen. Weitere Werke von le Goullon erschienen 1821 in Leipzig und 1829 in Weimar.

Bereits im Titel des für Weimar kulturgeschichtlich interessanten Kochbuches „Der elegante Theetisch..." wird die Intention des Koches deutlich, die darin bestand, den veränderten gesellschaftlichen Bedingungen, Bedürfnissen und Gepflogenheiten im Bereich der Speisen und Getränke Rechnung zu tragen.

In seiner Einleitung weist Francois le Goullon darauf hin, wie eine Gesellschaft, in der Speisen und Getränke gereicht werden sollen, zu einem Erfolg werden kann. Dabei bezieht er sich interessanterweise nicht auf kulinarische Aspekte, sondern vielmehr auf allgemeine und betitelt dementsprechend diesen Teil mit „Von den Pflichten des Wirtes oder der Wirtin gegen die Gäste". Dabei scheinen diese Überlegungen auf die Herzogin Anna Amalia zurückzugehen oder zumindest durch sie angeregt worden zu sein.

„Geehrte Frauen!

Da man Ihnen in unseren Tagen bei den Teegesellschaften, so wie ehemals bei den glänzenden Abendschmaußen (soupées), mit Recht den ersten Platz eingeräumt hat, so unterstehe ich mich, Ihnen, denen dieses kleine Werk vorzüglich gewidmet ist, einige Bemerkungen mitzuteilen, welche eine der liebenswürdigsten und geistreichsten Frauen unserer Zeit zur Verfasserin haben, und nicht allein Ihres ganzen Beifalls wert sind, sondern auch Ihre völlige Beherzigung verdienen.

Dies sind ihre Worte:

So leicht sich auch die Regeln des guten Tons im geselligen Verein in einzelne Begriffe und Forderungen fassen lassen, so reihen sie sich doch nur dann erst in der Ausübung zu einem geselligen Ganzen aneinander, wenn innerer Takt für das Schickliche und Anmutige den leitet, der als Wirt oder Wirtin die Verpflichtung auf sich genommen hat, seinen Gästen einige angenehme Stunden zu bereiten.

Dieser Takt braucht nicht bloß angeboren zu sein; er läßt sich auch erwerben durch Achtsamkeit auf sich selbst und andere, und durch genaue Beobachtung der Menschen und ihrer geselligen Verbindlichkeiten und Freuden.

Nicht der Glanz der Einrichtung, die Pracht der Bewirtung oder die Anzahl der Teilnehmenden gewährt den richtigen Maßstab des allgemein zu bewirkenden Vergnügens. Eine gewisse, sanft ansprechende, freundliche Harmonie in allem, so wohl in dem Betragen des Wirtes als seiner Umgebung, und in dem, was er bietet, ein unsichtbares Streben für jeden Einzelnen, das individuelle Unangenehme zu entfernen, was der Gang der Unterhaltung vielleicht berühren könnte; ein leichtes, zwangloses Bemühen, einen jeden in den Zustand der Behaglichkeit zu versetzen, in welchem man mit sich und andern zufrieden ist, und die Kraft, durch eigne Heiterkeit auf die Stimmung der Gesellschaft anmutig einzuwirken, sind die Haupterfordernisse zur Erreichung des Zwecks, im traulichen Beisammensein dem höhern Genuß des Lebens zu huldigen, und - wenn auch nur für kurze Zeit - seine unvermeidlichen Dornen zu vergessen.

Bekannt mit den individuellen Ansichten oder Verhältnissen der Gäste, werden aufmerksame Wirte leicht alles vermeiden, was der Unterhaltung den bitteren Beigeschmack der Kränkung, des Mißvergnügens, der Verstimmung oder trüben Erinnerungen verleihen könnte. Da wir aber in zahlreichen Gesellschaften unmöglich die Beziehungen aller einzusehen, zu wissen und uns gegenwärtig zu erhalten im Stande sind, so ist es notwendig, die Persönlichkeit der Gäste leise und schonend zu übergehen, damit nicht eine oder die andere unsanfte Berührung, die wir uns unwillkürlich zu Schulden kommen lassen, einen schmerzlichen Eindruck errege. Indem wir daher nur allgemeine, nicht individuelle Gegenstände zur Sprache bringen, eröffnen wir ein weites Feld der Unterhaltung, wo ein jeder sich unbefangen bewegen, aus sich selbst herausgehen und im frischen Austausch seiner Ideen und Meinungen sich belehren und erheitern kann. Nur in einem engen und durch Herzlichkeit verwandten Kreis ist es gestattet, die Verhältnisse, Eröffnungen und Empfindungen Einzelner traulich zu erörtern und abzuhandeln. In größeren Zirkeln müssen diese Vertraulichkeiten schweigen und sich dem Streben unterordnen, jeden à sons aise zu setzen, ohne ihn in seiner Eigentümlichkeit anzutasten.

Ob und inwiefern äußere Hilfsmittel, als Musik, Spiele mancherlei Art, Vorzeigen interessanter Kunstsammlungen oder einzelner Werke der Kunst u. s. w. zum Erlangen dieses Zwekkes beitragen können, bleibe hier unerörtert, und ihre Benutzung oder Nichtbenutzung den Verhältnissen und Vermögensumständen eines jeden überlassen. Allerdings ist es schon oft gelungen, durch ihre Unterstützung die matter werdende Unterhaltung neu zu beleben, und durch einen höheren Schwung zu vorher nicht berührten, interessantern Punkten hinzuleiten. Daher empfiehlt sich dieser Kunstgriff durch sich selbst und durch seine Wirkung; nur blicke, um diese letztere nicht zu verfehlen, ja niemals die Absicht hervor; leise, verschleiert und gleichsam als Zufall sich einschleichend, gehe dieses Bestreben unter der Hülle der Grazien hervor, damit es nicht als Geisteslehre des Wirtes und pedantisches Zwingen der Gäste, sich nach diesen Gegenständen zu wenden, erscheine...

In einem reichen Gemüt, mit verständigem Sinn verbunden, werden diese Winke ein hinreichendes Samenkorn sein, das liebliche Früchte für die Gesellschaft trägt, und das durch echtes Wohlwollen und freundliche Stimmung jenen schönen Einklang hervorbringt, der als eigentliche Würze der Geselligkeit die anziehendste geistige Bewirtung ist. Derjenige aber, dem von der Natur versagt war, den Faden individueller Behandlungsweise aus der Eingebung eines innern Taktes heraus zu spinnen, der beobachte mit desto aufmerksamern Geiste, was ihm selbst, und den Menschen um ihn her, wohl oder wehe tut. Er bestrebe sich des Einen, und vermeide das Andere, und in dem er mit Herzlichkeit seine Gäste empfängt, und alles aufbietet, was in seinen Kräften steht, ihnen die Stunden, für die er sie sich angeeignet hat, zu erheitern, wird aus diesem rein menschlichen Bemühen, auch ohne künstlichen Plan, ein günstiger Erfolg in allgemeiner Zufriedenheit sich entwickeln."

Da es le Goullon im besonderen um die in Mode kommenden Teegesellschaften als Zielpublikum ging, wundert es auch nicht, daß dem Tee und seiner Zubereitung eine besonders intensive Aufmerksamkeit gewidmet wird.

Le Goullon schreibt über die Bereitung des Tees:

„In ausgewählten vertrauten Zirkeln war es schon längst, selbst in den vornehmsten Häusern, Sitte, und ist es noch, daß die Frau vom Hause, oder eine dieser Würde entsprechende Freundin, den Tee in Gegenwart der Gäste selbst bereitet.

Diese lobenswerte Einrichtung gewährt den Gästen Genuß; denn es ist nicht zu leugnen, daß der schön geordnete Teetisch, das glänzende Teegerät und selbst die freundliche Geschäftigkeit, mit welcher die Wirtin alles beobachtet, was diesem einfachen Getränke mehr Wert geben kann, einen angenehmen Eindruck auf die Gäste macht.

Bei großen Gesellschaften würde das Amt des Teebereitens der Hausfrau zu viel Zeit kosten, die sie auf eine angenehmere und wohltuendere Weise der Unterhaltung ihrer Gäste widmen kann. Man läßt in solchen Fällen den Tee außerhalb des Salons und der Gesellschaftszimmer in mehreren Teekannen durch bewährt zuverlässige Personen bereiten, und ihn auf großen Teebrettern den Gästen servieren.

Die Bereitung des Tees ist an sich zu einfach und allgemein bekannt, um etwas hierüber sagen zu können. Nur diese einzige Erinnerung sei mir erlaubt: das Teewasser muß bei hell brennendem Feuer so schnell wie möglich kochend gemacht werden, damit es keinen räucherischen Geschmack annehmen kann, welcher auch dem kostbarsten Tee seine Güte benimmt.

Die Teekanne muß mit kochendem Wasser ausgespült werden. Man läßt dieses solange darin, bis sie durchaus heiß geworden ist. Dann nimmt man bei einer nicht großen Gesellschaft auf jede Person einen mäßigen Teelöffel voll Tee; ist sie zahlreich, so braucht man weniger. Man brüht diesen Tee mit kochendem Wasser, das ihn eben bedeckt, bis die Blätter desselben recht ausgequollen sind. Dann gießt man die Teekanne voll und läßt ihn noch eine kleine Weile ziehen. Wenn man die Tassen eingeschenkt hat, werden sie auf dem Teebrett mit Rahm, Arrak oder Rum und einer Zuckerdose den Gästen dargereicht, so daß jeder nach seinem Geschmacke wählen kann.

Da es eine ziemlich allgemeine Liebhaberei ist, Butterbrot zum Tee zu genießen, so muß eine aufmerksame Wirtin stets Sorge tragen, daß diese nicht fehlen und in der vollkommensten Güte vorhanden sind. Man schneidet ganz dünne Scheiben, so wohl von weißem als vom Roggenbrote, bestreicht sie mit guter frischer Butter, legt sie doppelt zusammen, und ordnet sie auf eine für das Auge wohlgefällige Art.

Das Teegerät ist, so wie alles, was den Menschen umgibt, der Mode unterworfen. An edlere Formen gewöhnt, haben wir die geschmacklosen, kastenförmigen Teemaschinen schon längst in schöne antike Urnen umgewandelt; auch die Tassen dürfen sich nicht mehr in ihrer ursprünglichen Gestalt zeigen; sie erscheinen jetzt als Opferschalen, mit den lieblichsten Gegenständen aus der Götter- und Heldengeschichte geschmückt; oder sie sind mit sinnreichen Hieroglyphen verziert, und bieten mit dem balsamischen Tee zugleich Stoff zur Unterhaltung dar.

Dieser neuere und bessere Gebrauch, die Tassen von verschiedenen Formen, Malereien und Verzierungen aufzusetzen, hat außerdem, daß er einen schönen und reichen Anblick gewährt, auch noch das Gute, daß jeder Teetrinker sogleich seine Tasse wiederfinden und nicht verwechseln kann; denn ob es gleich Sitte ist, die Tassen vor jedesmaligem Einschenken in dem Spülkumpen auszuspülen und abzutrocknen, so bleibt dieses immer eine Unannehmlichkeit mehr.

Auch wenn unglücklicherweise eine Schale zerbrochen wird, so ist der Schade weit leichter zu ersetzen, wie ehemals, wo oft durch den Verlust eines einzelnen Stücks ein ganzes kostbares Service seinen Wert verlor.

Die Teemaschinen sind größtenteils von Silber oder von bronziertem Kupfer, mit in Feuer vergoldeten, auch mit Silber plattierten Verzierungen, und sind jetzt so schön und in so mannigfaltigen Formen zu finden, daß man glauben sollte, es bliebe dem Künstler in diesem Fache nichts mehr zu erfinden übrig. Auch in hiesiger Gegend sind zwei sehr geschickte Kupferschmiede, welche nach vorgelegten Zeichnungen die vortrefflichste bronzierte Arbeit liefern. Der eine ist der schon rühmlichst bekannte Pflug in Jena, und der andere Wilhelm Henninger, Hof-Kupferschmied hier in Weimar.

Die Teetische sind gewöhnlich von Mahagoniholz mit eingesenkten Teeplatten von lackiertem Blech mit Malerei; ebenfalls so die Präsentierteller, und diese sind in Ansehung der Sauberkeit fast den silbernen noch vorzuziehen.

Es ist zu bewundern, daß man nicht in Deutschland zugleich auch einer Einrichtung den Engländern beim Teetisch nachgeahmt hat, die von einer wesentlichen Bequemlichkeit ist. Wir setzen gewöhnlich die kochende Teemaschine mit auf den Teetisch selbst, und beschädigen nicht selten dadurch den Lack desselben, sondern rauben uns auch dadurch den Platz für die Tassen und Teegeschirre. Die Engländer hingegen haben dafür eigne sogenannte Urn-Stands oder Teemaschinenträger, welche mit der Teemaschine neben den Teetisch oder sonst an einen bequemen Platz gestellt werden. Es sind kleine runde oder viereckige Tischchen, zierlich von Mahagoni gearbeitet, haben meist lackierte Platten, eine niedrige Gallerie und vom einen kleinen platten Schieber, der herausgezogen wird, um den Teetopf darauf zu stellen, wenn man Wasser aus der Maschine lassen will. Unter dem Tischblatte ist zwischen den Füßen noch ein zierlicher leichter Boden, auf dem gewöhnlich das schön verzierte Teekästchen steht.

Die Teekannen und Rahmgüsse (wenn solche nicht von Silber, Porzellan oder Kristall sind), von schwarzem, gelbem oder blauem Wedgewood, bleiben noch immer die beliebtesten und gewiß auch die schönsten, besonders die schwarzen. Ein neues, in England erfundenes Fayence, welches unter dem Namen Lustre verkauft wird und mehrere Metalle ziemlich täuschend nachahmt, eignet sich besonders als Surrogat des Silbers sehr zum Schmuck eines Teetisches; doch es ist ihm noch nicht gelungen, das anspruchslosere Wedgewood zu verdrängen. Die Teelöffel sind nach dem Verschwinden des kleinen japanischen Teegerätes auch größer und wichtiger geworden.

Öfters sind solche von Vermeil, gewöhnlich von Silber, so wie auch das Teesieb. Die Teller und Schüsseln zum Gebacknen von englischem Steingut mit roten oder schwarzen Kupferstichen sind jetzt sehr beliebt, empfehlen sich durch ihre Leichtigkeit und schöne Auswahl der Gegenstände, und ersetzen das teure Porzellan, ohne jedoch durch gar zu große Einfachheit das Auge zu befremden.

Es wäre unnötig, die verschiedenen Abstufungen der Teearten von der geringsten bis zur besten Sorte in Reihe und Glied zu stellen und zu erwähnen, da bei einem eleganten Teetisch nur die besseren Arten berücksichtigt und gebraucht werden. Man hat vier Sorten, die zusammengemischt, in den vornehmsten Häusern Englands und des nördlichen Deutschlands, wo unstreitig der teeverständigste Geschmack herrscht, an der Tagesordnung sind. Sie heißen: Haysan, Tschy, Soulong und Pecco. Der letztere gehört zu dem sogenannten schwarzen Tee, und ist die beste Sorte desselben. Seine dunkelbraunen, dürftig aussehenden Blätter haben, wenn er recht gut ist, kleine weiße Spitzen. Man nimmt ihn zu den vorher bemerkten drei Sorten grünen Tee, damit er das Zusammenziehende und Scharfe des selben mildere, das außerdem leicht eine nachteilige Wirkung auf die Nerven hervorbringen könnte."

Neben den Getränken, die für eine Teegesellschaft von unverzichtbarer Bedeutung sind, lassen sich in dem Kochbuch von Francois le Goullon aber auch Speisen finden. Dabei ist auffällig, daß es sich ausschließlich um Süßspeisen handelt.

Bei den Getränken werden unterschiedliche *Punschgetränke* vorgestellt (Punsch auf englische Art, Eierpunsch, *Punsch Royal, Bischoff)*, Frühstücksgetränke wie Sapajeau, Dreifuß, Glühwein, *Bavaroise, Chocoladen* und kühlende Getränke.

Den Schwerpunkt bilden aber die Süßspeisen. „Außer den erfrischenden Getränken ist es beim großen Tee und auch beim Tee dansant üblich, auch Gelées, geschlagenen Rahm, blanc mangés, und wenn es die Jahreszeit mit sich bringt, glacirte Früchte zu servieren. Man wird hier von allen das Auserlesenste und durchgängig Beliebteste finden."

Unverzichtbarer Bestandteil einer Teegesellschaft war das *„feine Backwerk"*. „Nachstehende Backwerke, welche sich durch ihren Wohlgeschmack und ihr schönes Aussehen ganz dazu eignen, einem vornehmen Zirkel serviert zu werden, können sämtlich in jeder gewöhnlichen Bratröhre, wenn selbige nur mit einem Rost oder Unterschied von Blech versehen ist, mit gehöriger Aufmerksamkeit gebacken werden."

Angeführt werden Sandtörtchen und Anis-Strötzel, Bischofs-Kuchen und Wein-Hippchen, *Malteser-Kuchen* und *Berliner Zuckerbogen, Mandel-Kollatschen* und Vanille-Nüßchen. Danach werden Biscuits und Feine Torten aufgeführt, es folgen *Waffeln* und *Hohllippen, Blätterteig, Hefe-Backwerk.* Ausführlich wird die Zubereitung von Eis geschildert.

Auffällig ist, daß in dem Kochbuch ein Braunschweiger Kuchen auftaucht, vielleicht eine Hommage an die Herzogin Anna Amalia, die ja aus Braunschweig stammte.

Daß le Goullon das Kochbuch für „gehobene Stände" verfaßt hat, wird bereits daran sichtbar, daß edle Zutaten Verwendung fanden, die nur schwer erhältlich, sehr teuer und für viele soziale Schichten nicht bezahlbar waren.

Zu diesen Zutaten gehören etwa Zimt und Orangenblütenwasser, Zitronenschalen und Muskat, Rum, Maraschino und Champagner, Mandeln und Schokolade.

Der Erfolg der literarischen Gesellschaften in Weimar, allen voran die „Tafelrunde" bei Anna Amalia, hing auch von den aufgetischten Speisen und Getränken ab. Anna Amalia verstand es, Persönlichkeiten des Geisteslebens, Dichter, Künstler, Wissenschaftler, Musiker und Theaterexperten zum Austausch und zur gegenseitigen Inspiration zusammenzuführen und den Tisch als Tafel zu gestalten und für die notwendige Atmosphäre zu sorgen. Francois le Goullon sorgte im Hintergrund für die Speisen und Getränke.

Punsch royal

1 Flasche guter Rotwein (Bordeaux)
1 Flasche Riesling
1 Flasche Champagner
1 St Ananas
5 St Orangen
6 St Zitronen
0,1 l Arrak
2 Eßlöffel Zucker

*

Ananas schälen und in kleine Stücke schneiden, Zucker darüber streuen.

Eine halbe Stunde zugedeckt stehen lassen.

Dann den Rot- und Weißwein sowie den Champagner darübergießen und nochmals abgedeckt stehen lassen.

Zitronen und Orangen auspressen.

Arrak, Zitronen- und Orangensaft zugeben und alles erhitzen.

Heiß servieren.

Bischoff

1 Flasche Champagner
0,1 l Portwein
0,1 l Holunderblüten-Sirup
1 St Orange
$^{1}/_{2}$ St Zitrone
0,5 l Läuterzucker
8 cl Cognac

*

Champagner, Portwein und Sirup mischen.

Zeste von der Orange und der $^{1}/_{2}$ Zitrone abreiben und zugeben.

Saft von Orange und Zitrone auspressen und ebenfalls zugeben.

Mit Läuterzucker auffüllen und 2 Stunden frieren.

Mit dem Cognac verrühren und in vorgekühlten Gläsern servieren.

Tip: Läuterzucker → Wasser und Zucker 1 zu 1 mischen und aufkochen, abkühlen lassen. Im Original wird kein Holundersirup verwendet, sondern der Portwein mit Lindenblüten aromatisiert.

Bavaroise

50 g Puderzucker
2 St Eigelb
0,2 l Tee, heiß
0,06 l kochende Milch
0,05 l Rum

*

Puderzucker und Eigelb im Wasserbad warmschlagen, bis die Masse ganz weiß ist.

Heißen Tee und kochende Milch zugeben.

Mit dem Schneebesen schlagen, bis das Getränk völlig schaumig ist.

Mit dem Rum abschmecken und nochmals kurz aufschlagen. Schäumend servieren.

Tip: Verwenden Sie kräftige oder parfümierte Teesorten. Die Bavaroise wird fruchtiger, wenn Sie die Milch durch Orangensaft ersetzen und den Zuckeranteil nach Geschmack reduzieren.

Heisse schokoladE

150 g Schokolade, zartbitter
1 l Milch
2 St Vanilleschoten
50 g Zucker
geschlagene Sahne
Schokoladenraspeln

*

Die Schokolade raspeln oder zerbröckeln und mit etwas heißer Milch in einem Töpfchen im Wasserbad schmelzen.

Vanilleschoten der Länge nach halbieren und das Mark mit einem Messerrücken auskratzen.

Die restliche Milch mit dem Zucker, den Vanilleschoten und dem Mark aufkochen.

Die heiße Milch auf die geschmolzene Schokolade passieren und gut verrühren.

In Tassen füllen und mit der Schlagsahne und den Schokoraspeln garniert servieren.

Mandelkipferl

100 g Butter
100 g Puderzucker
2 St Eier
1 St Eigelb
150 g Rohmarzipan
175 g Mehl
Salz, Zitronenzeste, Vanille

*

Butter und Puderzucker schaumig rühren.

Rohmarzipan mit der Hälfte der Eier weich glattarbeiten und mit den restlichen Eiern unter die Butter rühren.

Gesiebtes Mehl vorsichtig unterrühren.

Backblech einfetten und leicht mehlieren.

Mit einer mittelgroßen Lochtülle (Nr. 5) Hörnchen auf das Blech dressieren.

Bei 230 Grad backen.

Noch heiß vom Blech trennen.

Mit Marzipanfüllung zusammensetzen.

Enden in temperierte Kuvertüre tauchen und mit gehackten Pistazien bestreuen.

Marzipanfüllung:
100 g Rohmarzipan mit 50 g Aprikosenkonfitüre,
20 cl Arrak und 20 g gemahlenen Pistazien verrühren.

Eisbombe

6 St Eigelb
80 g Zucker
60 g kandierte Früchte
50 g Cocktailkirschen
50 g Mandeln, gestiftet und geröstet
50 g Krokant
50 g Maraschino
0,5 l Sahne

*

Kandierte Früchte und Cocktailkirschen kleinschneiden und mit Maraschino mazarieren.

Sahne steifschlagen und kaltstellen.

Eigelb mit Zucker im Wasserbad warmschlagen, dann in Eiswasser oder in der Küchenmaschine kaltschlagen, bis eine homogene Masse entstanden ist.

Kandierte Früchte, Cocktailkirschen, Maraschino, Krokant und Mandeln unter die Eigelb-Zuckermasse heben.

Dann die geschlagene Sahne unterheben.

In eine Eisbombenform oder eine Schüssel füllen, abdecken und schnell frieren.

Eine halbe Stunde vor dem Servieren in den Kühlschrank stellen.

„Es geht mit unserm Liebhaber-Theater noch immer gut vonstatten ...“

Erst die Theateraufführung, dann das Souper und schließlich der Ball

Das gesellige und kulturelle Leben in Weimar wurde besonders durch das Liebhabertheater bereichert.

Adlige, Mitglieder des Hofes, aber auch Bürgerliche schlossen sich im Jahr 1775 zusammen, um das Theaterspiel, das nach dem Brand des Schloßtheaters (1774) und dem Weggang der Seylerschen Schauspielergruppe verwaist war, neu aufleben zu lassen.

Als Ersatz wurde, wenn man so will, ein Laientheater gegründet. Anna Amalia trug mit ihrer Theaterbegeisterung entscheidend zur Realisierung bei. Luise von Göchhausen und Goethe packten tatkräftig mit an. Die Aufführungen fanden im Haus Hauptmann an der Esplanade statt, ab 1780 im neuen Redouten- und Komödienhaus, aber auch im Schloß Ettersburg oder auf Schloß Tiefurt.

„Brauchbare Personen gab es genug: unter den Hofleuten, im sonstigen Adel, unter den Staatsdienern und den Gelehrten. Um nur einige zu nennen: Josias v. Stein, Siegmund v. Seckendorff, Friedrich v. Einsiedel, Karl v. Knebel, Bertuch, Musäus, Kraus, Buchholz; dazu kamen die singenden Mitglieder der Hofkapelle, worunter ein ehemaliger Schauspieler, Aulhorn, war, der sich auf Hanswurst-Possen verstand, und schließlich die ganze männliche und weibliche Hofgesellschaft, fast ohne Ausnahme, wenn es sich nämlich darum handelte, den höchsten Herrschaften eine Ehrung oder ein Vergnügen zu bereiten. Ja, die höchsten Herrschaften selber waren auch nicht abgeneigt, auf die Bühne zu treten: nur bei der Herzogin Luise war dergleichen undenkbar. Um eben die Zeit, wo Corona Schröter diese Gesellschaft von Gelegenheits-Komödianten durch ihren Hinzutritt erst recht zu mannigfaltigen Leistungen befähigte, denn bisher hatte für viele Stücke eine Trägerin der großen und schwierigen weiblichen Rollen gefehlt, da übernahm auch Goethe häufiger eine Aufgabe und gewöhnlich auch die große und schwierige. Auch sein Spiel wurde gelobt; Musäus wenigstens berichtete an Goethes berlinischen Gegner Nicolai, daß der junge Poet als Schauspieler viel wahre Aktion habe und eine angenehme Figur mache. Nach andern Zeugnissen war er auf der Bühne ungleichmäßig; (...)" (W. Bode, Goethes Leben 1776-1780, S. 54, 55)

Goethe übernahm 1776 auf Bitten des Herzogs Carl-August die Leitung des Liebhabertheaters.

„Aber seit 1776 wirkte er auch als Schauspieler mit, erstmals im Februar in Cumberlands ‚Der Westindier', einem damals beliebten Lustspiel. Er war der einzige Bürgerliche im ganzen Ensemble, in dem der Herzog ebenso mitspielte wie Prinz Constantin, Carl Ludwig v. Knebel, Charlotte von Stein, Louise von Göchhausen und andere." (K. O. Conrady, Goethe, I, S. 362)

Musäus schrieb am 12. Dezember 1776 an Nicolai:

„Es geht mit unserm Liebhaber-Theater noch immer ganz gut vonstatten ... Herr Goethe hat ein paar von seinen Stükken zum besten gegeben: ‚Die Geschwister', in einem Akt, und ein Stück: ‚Die Mitschuldigen'. Er selbst hat viel wahre Aktion und macht eine angenehme Figur."

Aber Goethe hatte nicht nur die Leitung übernommen und trug durch seine schauspielerische Tätigkeit zum Erfolg des Liebhabertheaters bei, er schrieb auch zahlreiche Stücke, die zur Aufführung kamen.

Diese Lust- und Singspiele waren „Erwin und Elmire" (1776), „Die Geschwister" (1776), „Die Mitschuldigen" (1777), „Lila" (1777), „Der Triumph der Empfindsamkeit" (1778), „Das Jahrmarktfest zu Plundersweilern" (1778), „Die Laune des Verliebten" (1779), „Jery und Bätely" (1780), „Das Neueste aus Plundersweilern" (1781) und „Die Fischerin" (1782).

Einen absoluten Höhepunkt in der Geschichte des Liebhabertheaters, aber vielleicht auch einer in der deutschen Theatergeschichte, stellte am 6. April 1779 die Aufführung der „Iphigenie" dar. Goethe übernahm die Rolle des Orest, Corona Schröter spielte die Iphigenie.

Das Liebhabertheater lebte von der Begeisterung der Mitwirkenden und der kreativen Gabe der Improvisation.

„Bei den Aufführungen des Liebhabertheaters wurde an der Ausstattung nicht gespart. Kulissen mußten gearbeitet werden, Verwandlungsszenen forderten Geschick und genaue Vorbereitung, weil Einrichtungen einer Theaterbühne nicht zur Verfügung standen, überraschende technische Tricks wurden eingesetzt, kurz: Erfindungsgabe und handwerklich-künstlerisches Geschick waren gefragt." (K. O. Conrady, Goethe, I, S. 362).

Der Erfolg des Liebhabertheaters hing entscheidend davon ab, daß viele Theaterbegeisterte sich einbrachten. Der Herzog Carl-August übernahm die Finanzierung. Bertuch war so etwas wie der Geschäftsführer.

Obwohl Liebhabertheater keine Ausnahme waren, hatte das Weimarer Liebhabertheater einen besonders guten Ruf.

„Das Liebhabertheater in Weimar übertraf aber alle andern. Es hatte seine Dichter, Komponisten, Dekorationsmaler und Kostümschneider. Wer nur immer Talent für Deklamation, Gesang oder Tanz zeigte, mußte mitwirken, als ob er sich sein tägliches Brod damit zu erwerben hätte. Die fast täglichen Proben der Schauspiele, Opern, Ballette beschäftigten und amüsierten Männer und Frauen, die froh waren, zu irgend einer Thätigkeit herangezogen zu werden. Die Truppe bestand aus hervorragenden Persönlichkeiten: Die Herzogin Amalie, Karl August, Prinz Konstantin, Bode, Knebel, Einsiedel, Musäus, Seckendorf, Bertuch und Goethe; dazu kamen noch Corona Schröter, Kotzebue's Schwester Amalie und Fräulein von Göchhausen. Es bildete sich da eine ganz merkwürdige wandernde Gesellschaft, die nach allen in der Umgebung von Weimar liegenden Schlössern - Ettersburg, Tiefurt, Belvedere, sogar nach Jena, Dornburg und Ilmenau sich begab. Falk erzählt uns, daß Bertuch zu solchen Fahrten den Auftrag erhielt, in aller Morgenfrühe die Packesel oder Küchenwagen bereit zu halten. War nur ein kleiner Ausflug beabsichtigt, so genügten drei Packesel, wollte man aber weiter ziehen, über Berg und Thal, dann gab es die Nacht zuvor viel zu thun, und alle herzoglichen Kochtöpfe und Bratpfannen kamen in Gebrauch. Welch Kochen, Braten und Backen gab es da! Wie viele Kapaunen, *Hühnern* und *Tauben* wurde da der Hals umgedreht! Die Ilmteiche mußten ihre *Fische* hergeben, die Felder ihre *Rebhühner,* die Keller ihre Weine. Mit der Morgendämmerung zog die lustige Gesellschaft aus, voll Lebenslust und freudiger Erwartung. Fort ging es, durch einsame Waldgründe, deren prachtvolle alte Bäume sonst nur die in den Lüften schwebenden Falken, oder das an der Kohlenbrennerhütte vorbeieilende scheue Reh zu sehen pflegten. Fort ging es: Jugend, Schönheit, Übermut, Illusion - ein stattlicher Zug, gleich dem der den Ardennenwald belebte, als, ‚im Schatten schwermutsvoller Wipfel', der ernste Herzog und seine Begleiter für eine Weile die Sorgen und den ‚gemalten Pomp' zu vergessen suchten.

Die Bühne war schnell hergerichtet. In Ettersburg sind noch Spuren einer Bühne im Walde sichtbar, wo bei günstigerer Witterung gespielt wurde. Ein Flügel des Schlosses war auch als Theater eingerichtet, aber die Aufführungen im Freien waren die beliebtesten. Die Darsteller, manchmal zwanzig an der Zahl, wurden nach Ettersburg in den herzoglichen Wagen zu den Proben und Aufführungen gebracht; und am Abend, nach einem fröhlichen, oft durch Gesang belebten Mahle, leiteten Fackeln tragende Husaren von der Leibgarde des Herzogs sie wieder heim. Hier wurde Einsiedels Oper: ‚Die Zigeuner', zur Aufführung gebracht. Szenen aus dem ‚Götz' hatte man eingeflochten. Die beleuchteten Bäume, die Zigeunertruppen im Walde, die Gesänge und Tänze unter dem gestirnten Himmel, wozu von fern das Waldhorn erklang, bildeten einen bezaubernden Anblick, der unvergeßlich blieb. Bei Tiefurt an der Ilm, gerade dort, wo der Fluß eine malerische Krümmung bildet, war auch ein regelrechtes Theater aufgeschlagen. Bäume, Mond und Sterne, Fischer, Nixen und Wassergeister, alles was nur poetisch und zur Handlung passend befunden wurde, mußte mit überraschendem Erfolge mitwirken." (G. H. Lewes, Goethes Leben und Werke, 1. Bd, S. 495-497).

Bis zum Jahr 1779 fanden die Aufführungen des Liebhabertheaters vornehmlich im Redoutensaal an der Esplanade statt.

Anna Amalia und Carl August ließen dann ein Comödienhaus errichten, das westlich des Wittumspalais gebaut wurde. 1780 fand dort die erste Vorstellung statt.

Die Theaterarbeit machte jedoch den Beteiligten nicht nur viel Arbeit, sondern brachte auch viel Spaß und Vergnügen. Hierbei kam das Essen und Trinken nicht zu kurz.

„Neben der ernsthaften Theaterarbeit aber waren die Proben willkommene gesellschaftliche Ereignisse für jung und alt. Die Einstudierungen fanden meist in den Privathäusern der Mitspielenden statt, so zum Beispiel im Wittumspalais, bei Musäus, bei Charlotte von Stein (1742-1827), bei Seckendorf, um nur einige zu nennen. Wurde ein Goethestück aufgeführt, so öffnete auch dieser seine Türen. Im allgemeinen kam man mit sechs bis acht Proben aus, wobei zumindest die letzte auf der Bühne abgehalten wurde. Bei den Proben wurden Erfrischungen gereicht wie Kaffee, Wein und Punsch. Fanden die Proben abends statt, so blieb die Gesellschaft meist bis weit in die Nacht hinein zusammen und war längst nicht nur mit Theaterfragen beschäftigt. Die Aufführungen selbst krönte meist ein Souper und anschließender Ball.“ (V. Salentin, Anna Amalia, S. 128, 129)

Karpfen in Schwarzbier

1 kg Karpfenfilet
0,2 l Schwarzbier
0,4 l Fischfond oder Brühe
200 g Karotten
2 Bd Lauchzwiebeln
100 g Sellerie
1 St Zitrone
70 g Butter
Salz, Pfeffer, Petersilie, Prise Zucker

*

Karpfenfilet waschen, abtrocknen und in 8 Stücke teilen.

Lauchzwiebeln putzen, Karotten und Sellerie schälen und in dünne Stifte schneiden.

Das Karpfenfilet mit Salz, Pfeffer und etwas Zitronensaft würzen.

Mehlieren und in Bratfett auf beiden Seiten hellbraun anbraten.

Karpfenfilets herausnehmen und das Bratfett wegschütten.

Etwas Butter in die Pfanne geben und die Gemüse mit einer Prise Zucker anbraten.

Mit dem Schwarzbier ablöschen und um die Hälfte einkochen.

Den Fischfond oder die Brühe zugeben, leicht würzen und aufkochen.

Karpfenfilets hineingeben und köcheln lassen.

Nach ca. drei Minuten wenden und garköcheln lassen.

Karpfenfilets herausnehmen und warmstellen.

Sauce abschmecken und mit Butter binden.

Fertige Sauce über die Karpfenfilets geben und frisch gehackte Petersilie darüberstreuen.

Gefülltes Rebhuhn

4 St Rebhühner
50 g Butter
5 St Schalotten, fein gewürfelt
100 g Schinken, fein gewürfelt
50 g Toastbrot in Würfeln
200 g Steinpilze, klein geschnitten
Salz, Pfeffer, Rosmarin, Petersilie
100 g geräucherter Speck
400 g Röstgemüse
Fleischbrühe
Wacholderbeeren

*

Rebhühner säubern und ausnehmen, Leber für die Füllung kleinschneiden.

In Butter die Schalottenwürfel, die Steinpilze und die Leber anbraten.

Die gerösteten Toastwürfel, die Schinkenwürfel und die gehackten Kräuter zugeben und durchmischen.

Rebhühner innen und außen mit Salz und Pfeffer würzen.

Füllen und mit Zahnstocher oder Bindfaden verschließen.

Rebhühner auf beiden Seiten anbraten und aus dem Schmortopf nehmen.

Kleingeschnittenen Speck und Röstgemüse anbraten und mit etwas Brühe ablöschen, zerdrückte Wacholderbeeren beifügen.

Rebhühner auf den Rücken in den Schmortopf setzen und ca. 15 Minuten im Backrohr bei 180 Grad braten, falls nötig etwas Brühe nachgießen.

Rebhühner tranchieren, Brüste anrichten und Keulen nachbraten.

Sauce passieren und abschmecken.

Taube mit Kürbisgemüse

4 St Tauben
300 g Röstgemüse
0,5 l Geflügelfond oder Fleischbrühe
Salz, Pfeffer, Thymian
600 g Kürbisfleisch
40 g Ingwer, geschält
80 g Honig
6 cl Essig
2 St Schalotten
Salz, Pfeffer, Senfkörner, Nelken
etwas Wasser

*

Tauben gut säubern und mit Salz und Pfeffer würzen, Innereien beiseite legen.

Tauben in einem Bratentopf auf beiden Seiten anbraten und wieder herausnehmen.

Röstgemüse in den Topf geben und Farbe nehmen lassen.

Innereien und Thymianzweig zugeben und mitrösten.

Mit einem Teil des Geflügelfonds ablöschen.

Tauben auf dem Rücken in den Topf setzen und bei 180 Grad für ca. 15 Minuten in den Backofen stellen.

Wenn der Bratenfond zu sehr einkocht, mit Geflügelfond nachgießen.

Tauben herausnehmen und warmstellen.

Sauce mit restlichem Geflügelfond verkochen, passieren und abschmecken.

Schalotten in feine Würfel schneiden.

Ingwer in feine Streifen schneiden.

Schalottenwürfel in Butter ohne Farbe anschwitzen.

Honig und Ingwer zugeben, durchrühren und mit Essig ablöschen und Gewürze zugeben.

Den in Stifte geschnittenen Kürbis zugeben und 3 bis 5 Minuten weichdünsten.

Eventuell etwas Wasser zugeben, damit der Kürbis nicht anbrennt.

Mit Salz, Pfeffer und wenn nötig mit Honig und Essig noch abschmecken.

Serviettenknödel

500 g Weißbrot, entrindet
250 g Milch
6 St Eier
80 g Butter
Zwiebelbrunoise, gehackte Petersilie, Salz, Muskat

*

Milch mit Gewürzen aufkochen.

Butter schaumig rühren und Eier zugeben.

Heiße Milch unterrühren und über die Brotwürfel gießen.

Mit Zwiebelbrunoise und Petersilie vorsichtig vermengen. Abschmecken.

Masse in gebuttertes Pergament und dann in eine Serviette rollen und binden.

In Salzwasser ca. eine Stunde ziehen lassen - nicht kochen.

„Halb zog sie ihn, halb sank er hin, und ward nicht mehr gesehn."

Von einer Ilmnixe, einem Selbstmord und einem Essen zu zweit an der Ilm

Als Goethe nach Weimar kam, entwickelte er rasch eine intensive Beziehung zur Ilm, einem Flüßchen, das an Weimar vorbeifließt. Am Rande der Talaue wohnte Goethe in seinem berühmten Gartenhaus. Dieses erhielt Goethe im Jahr 1776 als Geschenk vom Herzog Carl August. Er renovierte das Haus, legte nach eigenen Entwürfen einen Garten an. Der räumliche Abstand zur Stadt Weimar bewirkte bei Goethe eine schöpferische Ruhe und eine neue Inspiration durch die Natur. Bis 1782 hat Goethe dieses Haus bewohnt. In unmittelbarer Nähe schlängelte sich die Ilm durch das Tal. Wollte er in die Stadt oder nur zur Frau von Stein, dann mußte er die hölzerne Brücke passieren. Die Ilm sah er also täglich, und sie gehörte zu seinem Alltag.

Die Zugänge über die Ilm ließ Goethe jedoch mit Toren versehen, die einen Besuch Goethes nur schwer möglich machten. Kein Wunder, daß sich Wieland in einem Brief an Merck über den abgeschotteten Zustand Goethes ereiferte.

„Goethen bekomme ich gar nicht mehr zu sehen; denn er kommt weder an den Konzerttagen nach Hof noch zu mir. Und zu ihm zu kommen, wiewohl unsre Domänen eben nicht sehr weit voneinander liegen, ist auch keine Möglichkeit, seitdem er beinah alle Zugänge barrikadiert hat. Denn alle nähere Wege zu seinem Garten gehen über die Ilm und teils durch eine ehemals öffentliche Promenade, der Stern genannt, teils über eine herrschaftliche Wiese. Nun hat er zwar, pour faciliter la Communication, im vorigen Jahre drei bis vier Brücken über die Ilm machen lassen; aber, Gott weiß warum, sie sind mit Türen versehen, die ich, sooft ich noch zu ihm gehen wollte, verschlossen angetroffen habe. Da man nun nicht anders zu ihm dringen kann als mit einem Zug Artillerie oder wenigstens mit ein paar Zimmerleuten, die einem die Zugänge mit Äxten öffnen, so ist ein gemeiner Mann wie unsereiner gezwungen, das Abenteuer gar aufzugeben und in seinem Eignen zu bleiben. Soviel ich höre, ist er heute mit dem Herzog nach Ilmenau, wo sie sich vermutlich eine Zeitlang mit der Jagd divertieren werden.“ (12. April 1778)

Einen Schlüssel für die Brückentüre besaß allerdings Charlotte von Stein, die an der Ackerwand wohnte und damit fast in Sichtweite zu Goethe.

Goethe nutzte die Nähe der Ilm und die Einsamkeit in der Natur aber auch dazu aus, um in dem mäandrierenden Fluß zu baden.

In der Ilm lernte Goethe aber auch das Schwimmen. Im Sommer des Jahres 1778 erfolgten die ersten Versuche, zunächst mit einer Korkweste. „(...) nun geschah es ohne dieses Hilfsmittel, und Goethe scheint es sehr weit in dieser Kunst gebracht zu haben. Er badete in jener Zeit überhaupt häufig, sogar des Nachts in der Ilm, meist bei Mondschein, selbst in November- und Dezembertagen; und trieb auch wohl allerlei Neckereien mit den bei nächtlicher Weile Vorübergehenden. So erzählte er mir habe er einen Bauern aus Oberweimar, der spät in der Nacht nach Hause zurückkehrend über das Gatter der Floßbrücke steigen wollen, dadurch in Furcht und Schrekken versetzt, daß er in seiner weißen Gestalt mit schwarzem, langen Haupthaar, aus dem Wasser auf- und niedertauchend und dabei wunderbare Töne von sich gebend, in jenem Manne die energische Vorstellung einer Ilmnixe erregte, deren Existenz dieser sich nun wahrscheinlich nicht wieder habe ausreden lassen.“

Goethe nutzte die Ilm aber nicht nur dazu, um zu schwimmen, sondern hier konnte er im Winter sich seinem geliebten Wintersport, dem Schlittschuhlaufen hingeben.

Ein trauriges Ereignis überschattete im Jahr 1778 die positiven Erlebnisse, die Goethe mit der Ilm verband. Man war in Weimar gerade damit beschäftigt, den Geburtstag der Herzogin Luise vorzubereiten und ein Festspiel einzuüben.

„Man ist noch mitten in den Proben für das Stück. An einem Sonntagmorgen ist Goethe mit dem Herzog auf der Eisbahn. Da finden in seiner Abwesenheit seine Leute - Philipp Seidel und zwei ‚kleine Diener', die zu seinem Hausstand gehören - einen Leichnam in der Ilm, grad dem Gartenhaus gegenüber, an der Brücke. Die junge Christel von Laßberg hat sich am vorhergehenden Abend hier ertränkt...

Man hat die Tote ins nächste Haus der Stadt gebracht, zur Frau von Stein. Hier sieht sie Goethe, er selber bringt den Eltern die Nachricht. Das Gerücht arbeitet: ihr Liebster, ein schwedischer Offizier, sei ihr untreu geworden, den ‚Werther' habe sie auf ihrem Todesgang in der Tasche getragen. Tief wühlt ihn das Schicksal auf, das sich da, ihm so nah, vollendet hat.

Die nächste Nacht bleibt Knebel bei ihm im Gartenhaus. Sie reden von der Toten, sehen sie im Geist ihre ‚letzten Pfade' gehen - wie die Tür des Hauses im schaurigen Schatten der Stadtkirche hinter ihr ins Schloß fällt, wie sie sich über den Töpfenmarkt schleicht, über die ausgestorbenen, abendstillen Straßen in der kalten, blanken Sternennacht. Er sieht sie den selbigen Abhang des Ilmufers hinunterklettern - hier, an der Stelle ihres Todes, möchte er ihr in ‚stiller Trauer' ein Denkmal errichten.

Das ‚Andenken' Christels, das Goethe plant, kommt nicht zustande, oder doch in anderm Sinn. Die ‚einladende Trauer' wird ihm zum Gedicht, zu der ersten, rätselvollen Fassung seines Liedes an den Mond, die so seltsam gemischt aus seiner eigenen Seele, aus der Seele einer Frau zu tönen scheint:

‚Füllest wieder 's liebe Tal
Still mit Nebelglanz,
Lösest endlich auch einmal
Meine Seele ganz!
Breitest über mein Gefild'
Lindernd deinen Blick,
Wie der Liebsten Auge mild
Über mein Geschick.
Das du so beweglich kennst,
Dieses Herz im Brand
Haltet ihr wie ein Gespenst
An den Fluß gebannt,
Wenn in öder Winternacht

Er vom Tode schwillt
Und bei Frühlingslebenspracht
An den Knospen quillt. - -
Selig, wer sich vor der Welt
Ohne Haß verschließt,
Einen Mann am Busen hält
Und mit dem genießt,
Was den Menschen unbewußt
Oder wohl veracht',
Durch das Labyrinth der Brust
Wandelt in der Nacht!"

... Aber das Leben geht seinen Gang, das Leben behält recht. Man spielt die geflickte Braut, man arbeitet, und im Tagebuch heißt's dann: ,Fortdauernde reine Entfremdung von den Menschen. Stille und Bestimmtheit im Leben und handeln. In mir viel fröliche bunte Imagination.' Er wirkt sich alles ins Positive um!" (F. A. Hohenstein, Weimar und Goethe, S. 95-97)

Charlotte von Stein erhielt in dieser gedrückten Stimmung folgenden Brief von Goethe:

„Statt meiner kommt ein Blätgen, da ich von Ihnen wegging, konnt ich nicht zeichnen. Es waren Arbeiter unten, und ich erfand ein seltsam Pläzgen wo das Andenken der armen Christel verborgen stehn wird. Das war was mir heut noch an meiner Idee misfiel, dass es so am Weeg wäre, wo man weder hintreten und beten, noch lieben soll. Ich hab mit Jentschen ein gut Stück Felsen ausgehölt, man übersieht von da, in höchster Abgeschiedenheit, ihre lezte Pfade und den Ort ihres Tods. Wir haben bis in die Nacht gearbeitet, zuletzt noch ich allein bis in ihre Todtes Stunde, es war eben so ein Abend. Orion stand so schön am Himmel als wie wir von Tiefurth fröhlich heraufritten. Ich habe an Erinnerungen und Gedanken iust genug, und kan nicht wieder aus meinem Hause. Gute Nacht Engel, schonen Sie sich und gehn nicht herunter. Diese einladende Trauer hat was gefährlich anziehendes wie das Wasser selbst, und der Abglanz der Sterne des Himmels der aus beyden leuchtet lockt uns. Gute Nacht, ich kans meinen Jungen nicht verdenken die nun Nachts nur zu dreyen einen Gang hinüber wagen, eben die Saiten der Menschheit werden an ihnen gerührt, nur geben sie einen rohern Klang." (19. Januar 1778)

Am ersten Februar schrieb Goethe an Charlotte, nachdem er eingemachte Früchte von ihr erhalten hatte:

„Es ist doch hübsch von Ihnen, daß Sie den, den Sie nicht mehr lieben doch mit eingemachten Früchten nähren wollen. Dafür danck ich. Obs gleich aussieht als wenn Sie mir Gerichte schickten damit ich nicht kommen solle Sie bey Ihnen zu verzehren."

Goethe hatte eine Vorliebe für *Forellen*. Und da die Ilm ein fischreicher Fluß war, angelte Goethe selbst, um sie anschließend bei einem gemütlichen Picknick direkt am Ufer über offenem Feuer zu grillen.

Am liebsten tat Goethe dieses natürlich in Gesellschaft, besonders in Gegenwart einer Dame.

Eine dieser Damen, mit denen Goethe im Park an der Ilm oder am Schloß Belvedere ein Picknick abhielt, war die Waldner.

Die Waldner galt als „ungewöhnlich muntere Dame. Besonders in ‚Weimars lustiger Zeit', ihrem ersten Jahrzehnt in Thüringen, war sie immer und überall dabei: auf dem Eise, beim Theaterspiel, auf langen, oft nur stöhnend ertragenen Gewaltmärschen mit der Herzogin. Sie zählte zu den Goetheschen ‚Misels', mit dem Herzog scherzend, mit dem Dichter schäkernd, bei Frau von Stein wohlgelitten, vergnügt das Jungsein zwischen Schöngeistern und Weltleuten genießend; (...)" (E. Biedrzynski, Goethes Weimar, S. 469)

In einem Brief an Charlotte von Stein, die zu dem Zeitpunkt nicht in Weimar weilte, teilte Goethe ihr sein Picknick mit der Waldner mit, einerseits um sie möglicherweise eifersüchtig zu machen, aber auch, um sie möglichst rasch zur Rückkehr zu bewegen.Goethe schrieb:

„Im Garten unter freyem Himmel! Seit Sie weg sind fühl ich erst dass ich etwas besizze, und dass mit etwas obliegt. Meine übrigen kleinen Leidenschaften Zeitvertreibe und Miseleyen, hingen nur so an dem Faden der Liebe zu Ihnen an, der mich durch mein iezzig Leben durchziehen hilft, da Sie weg sind fällt alles in den Brunnen.

Heut früh war ich in Belveder, und haben gefischt und auf der Stelle gebacken, ich und der Waldnern Charlott, ein trefflich Essen bereitet." (12. Juni 1777).

In Zusammenhang mit der Ilm ist auch ein Gedicht zu sehen, das metaphorisch die Verlockung des Weiblichen thematisiert, der zu widerstehen Goethe unmöglich erschien.

Der Fischer

Das Wasser rauscht', das Wasser schwoll,
Ein Fischer saß daran,
Sah nach dem Angel ruhevoll,
Kühl bis ans Herz hinan.
Und wie er sitzt und wie er lauscht,
Teilt sich die Flut empor;
Aus dem bewegten Wasser rauscht
Ein feuchtes Weib hervor.

Sie sang zu ihm, sie sprach zu ihm:
Was lockst du meine Brut,
Mit Menschenwitz und Menschenlist
Hinauf in Todesglut?
Ach! wüßtest du, wie's Fischlein ist
So wohlig auf dem Grund,
Du stiegst herunter, wie du bist,
Und würdest erst gesund!

Labt sich die liebe Sonne nicht,
Der Mond sich nicht im Meer?
Kehrt wellenatmend ihr Gesicht
Nicht doppelt schöner her?
Lockt dich der tiefe Himmel nicht,
Das feuchtverklärte Blau?
Lockt dich dein eigen Angesicht
Nicht her in ew'gen Tau?

Das Wasser rauscht', das Wasser schwoll
Netzt' ihm den nackten Fuß;
Sein Herz wuchs ihm so sehnsuchtsvoll

Wie bei der Liebsten Gruß.
Sie sprach zu ihm, sie sang zu ihm;
Da war's um ihn geschehn:
Halb zog sie ihn, halb sank er hin
und ward nicht mehr gesehn.

Forelle in Folie

4 St Forellen
6 cl Weißwein, trocken
100 g Butter
2 St Zitronen
Petersilie, Estragon, Zitronenmelisse, Salz, Pfeffer
200 g Gemüsestreifen (Karotte, Sellerie, Lauch)

*

Petersilie hacken, Estragonblätter zweimal durchschneiden und Melisse in feine Streifen schneiden.

Von den Zitronen die Zeste abreiben.

Butter schaumig schlagen, mit Salz, Pfeffer, Kräutern, Zitronenzeste und etwas Zitronensaft abschmecken und gut durchschlagen.

Aus der Butter mit Folie eine Rolle formen und kaltstellen.

Gemüsestreifen kurz in Salzwasser blanchieren und abschrecken.

Forellen gut waschen und abtrocknen.

Ein Stück Alufolie mit zwei Scheiben Zitronenbutter belegen, $^1/_8$ der Gemüsestreifen darauf verteilen.

Forelle mit Salz und Pfeffer würzen, mit etwas Petersilie und Zitronenmelisse füllen und auf die Gemüsestreifen setzen.

Obenauf wieder Gemüsestreifen und Zitronenbutter legen.

Mit 2 cl Weißwein begießen und die Alufolie dicht verschließen.

Mit den restlichen drei Forellen genauso verfahren.

Forellenpäckchen auf ein Backblech setzen und bei 180 Grad je nach Größe 10 bis 15 Minuten backen.

Fertige Forellen auf Teller setzen, öffnen und die restliche Zitronenbutter darauf verteilen.

Mit Salzkartoffeln servieren.

Tip:
Öffnen Sie das erste Päckchen vorsichtig, so daß Sie es wieder verschließen können, falls die Forelle noch nicht ganz gar ist. Sie können dies im Bauch an der Mittelgräte feststellen, ist sie an der Stelle gar, ist der ganze Fisch gar.

EINGEMACHTE BIRNEN MIT STERNANIS

1 kg Birnen
0,6 l Weißwein
0,6 kg Zucker
4 St Zitronen
7 St Sternanis
2 St Vanille

*

Birnen schälen, halbieren und Kernhaus ausstechen.

Weißwein mit Zucker aufkochen.

Zitronenzeste von einer Zitrone mit einem Sparschäler abschälen und zum Weißwein geben.

Saft von vier Zitronen und die geschälten Birnen zum Weißwein geben.

Einmal aufkochen.

Birnen mit Weißwein, Vanilleschoten (aufgeschnitten) und Sternanis in das Weckglas füllen, verschließen.

In einen Topf ein Geschirrtuch oder Zeitungspapier legen und mit Wasser auffüllen und aufkochen.

Weckglas hineinstellen, ein Viertel des Glases sollte aus dem Wasser ragen.

Ca. 25 Minuten köcheln lassen.

Gläser aus dem Wasser nehmen und abkühlen lassen. Wenn die Gläser abgekühlt sind, muß der Deckel fest verschlossen sein.

Maronen-creme

100 g Butter
250 g Maronen
180 g Zucker
50 g Zartbitter-Cuverture
2 St Eigelb
125 g Sahne, geschlagen

*

Geschälte Maronen mit 100 g Zucker und etwas Wasser weichdünsten.

Dann fein mixen.

Schokolade und Butter im Wasserbad schmelzen.

Eigelb mit 80 g Zucker sehr schaumig schlagen.

Geschmolzene Schokoladenbutter und das Maronenpüree unter die Eimasse heben.

Geschlagene Sahne unterheben und in Förmchen füllen.

„Eine lange, wohlgeschmückte fürstliche Tafel, welche ohne weiteres schicklich nach herkömmlicher Weise besetzt wurde ..."

Das Luisenfest am Ufer der Ilm

Die Herzogin Luise von Sachsen-Weimar-Eisenach (1757-1830) war eine geborene Prinzessin von Hessen-Darmstadt. Im Jahr 1773 sah Goethe sie zum ersten Mal, als sie sich von Frankfurt zum Zarenhof zur „Brautschau" auf den Weg machte. Sie wurde dann aber doch nicht in Rußland verheiratet, sondern heiratete im Jahr 1774 in Karlsruhe Carl August von Weimar. Dieser schrieb über seine Frau die folgende Charakteristik an Wieland: „Ich habe meine Louise gefunden, wie ich sie mir wünschen konnte. Sie ist nicht schön, aber wenn man sie liebt und sie fühlen läßt, daß man sie liebt, ist sie unendlich liebenswürdig. Sie besitzt große, kornblumenblaue, ein wenig vorstehende Augen; ihr Blick ist nachdenklich. Nase und Mund sind klein, jeder Zug ihres Gesichtes ist wohlgebildet. Ihr Herz scheint nobel, frei und stark; ..."

Die junge Herzogin hatte in Weimar einen schweren Stand. So mußte sie mit der alles überstrahlenden Schwiegermutter Anna Amalia zurecht kommen, sie brachte sieben Kinder zur Welt, von denen drei überlebten. Und sie mußte mit den Affären und Liebschaften ihres Mannes leben, von denen die feste Beziehung zu Caroline Jagemann für Luise sicherlich die größte Prüfung darstellte und zu einem faktischen Ende der ehelichen Gemeinschaft führte.

Die herausragendste Leistung der Herzogin Luise bestand wohl darin, daß sie sich mutig Napoleon entgegenstellte und ihn in Weimar zum Halten veranlaßte. Sie erreichte eine Einstellung der Plünderungen, und selbst Napoleon war von ihrem mutigen Vorgehen angetan.

Nicht zu unterschätzen ist jedoch auch Luises Leistung im

Hinblick auf die Weimarer Klassik. Sie pflegte eine besonders intensive Beziehung zu Gottfried Herder und konnte auch letztendlich verhindern, daß er Weimar verließ. Sie sorgte darüber hinaus aber auch dafür, daß Friedrich Schiller nach Weimar kam.

Seit dem Jahr 1775 war Goethe der Herzogin Luise „in zurückhaltender Aufmerksamkeit ergeben". In Weimar hatten sie eine verständnisvolle herzliche Beziehung.

Diese findet darin ihren Ausdruck, daß zu Luises Geburtstag am 30. Januar jeweils eine Erstaufführung als Huldigung gegeben wurde. Luise gehörte auch der von Goethe ins Leben gerufenen Mittwochsgesellschaft an. Ihr Interesse an physikalischen Experimenten belohnte Goethe damit, daß er seine Farbenlehre im Jahre 1808 der Herzogin widmete.

Im Jahr 1778 wurde in Weimar der jungen Herzogin zu Ehren das Luisenfest gefeiert. Diese Ereignisse hielt Goethe in einem kurzen Text fest.

Der Prosatext „Das Luisenfest" wurde erst 1837 gedruckt. Er bezieht sich auf das Fest, das zu Ehren der Herzogin Luise am 9. Juli 1778 begangen wurde. Die Organisation des Festes lag in den Händen von Johann Wolfgang Goethe und dem Kammerherrn von Seckendorff. Während Goethe mehrere Tage damit beschäftigt war, die provisorische Einsiedelei am Ufer der Ilm aufzubauen, verfaßte Seckendorf den Text für das „Dramolett Luisenfest". Seckendorf war nicht nur Kammerherr in Weimar, sondern Anna Amalia hat es auch verstanden, ihn an das Liebhabertheater zu binden. So war er als Sänger und Schauspieler tätig, er war Musiker, Komponist und Dichter, bereicherte Goethes Arbeiten durch musikalische Bearbeitungen. Eine besondere Zuständigkeit hatte er für Masken- und Redoutenaufzüge, für Schattenspiele und die Pantomime.

„Das genannte, hiernächst umständlich zu beschreibende Fest gilt vor allen Dingen als Zeugnis, wie man damals den jungen fürstlichen Herrschaften und ihrer Umgebung etwas Heiteres und Reizendes zu veranstalten und zu erweisen gedachte. Sodann bleibt es auch für uns noch merkwürdig, als von dieser Epoche sich die sämtlichen Anlagen auf dem linken Ufer der Ilm, wie sie auch heißen mögen, datieren und herschreiben.

Die Neigung der damaligen Zeit zum Leben, Verweilen und Genießen in freier Luft ist bekannt, und wie die sich daraus entwickelnde Leidenschaft, eine Gegend zu verschönern und als eine Folge von ästhetischen Bildern darzustellen, durch den Park des Herzogs von Dessau angeregt, sich nach und nach zu verbreiten angefangen habe.

In der Nähe von Weimar war damals nur der mit Bäumen und Büschen wohl ausgestattete Raum, der Stern genannt, das einzige, was man jenen Forderungen analog nennen und wegen Nähe der herrschaftlichen Wohnung als angenehm geachtetes Lokal schätzen konnte. Es fanden sich daselbst uralte gradlinige Gänge und Anlagen, hoch in die Luft sich erhebende stämmige Bäume, daher entspringende mannigfaltige Alleen, breite Plätze zu Versammlung und Unterhaltung.

Begünstigt nun durch heitere trockne Witterung, beschloß man hier zum Namenstag der regierenden Frau Herzogin ein heiter geschmücktes Fest, welches an die ältern italienischen Wald- und Buschfabeln (Favole boschereccie) geistreich erinnern sollte. Dazu wurde denn auch ein Plan gemacht und manche Vorbereitung im stillen getroffen. Da sollte es denn an Nymphen und Faunen, Jägern, Schäfern und Schäferinnen nicht fehlen; glückliche wie verschmähte Liebe, Eifersüchtelei und Versöhnung war nicht vergessen.

Unglücklicherweise trat nach gewaltsamem Ungewitter eine Wasserflut ein, Wiesen und Stern überschwemmend, wodurch denn jene Anstalten völlig vereitelt wurden. Denn das Dramatische und die Erscheinung der verschiedenen verschränkten Paare war genau auf das Lokal berechnet; daher, um jene Absicht nicht völlig aufzugeben, mußte man auf etwas anders denken.

Damals führte schon von dem Fürstenhause her ein etwas erhöhter Weg, den die Flut nicht erreichte, an dem linken Ufer der Ilm unter der Höhe weg; man bediente sich aber desselben nur, um an den schon eingerichteten Felsenplatz, sodann über die damalige Floßbrücke, welche nachher der sogenannten Naturbrücke Platz machen mußte, in den Stern zu gelangen.

An dem diesseitigen Ufer stand, ein wenig weiter hinauf, eine von dem Fluß an bis an die Schießhausmauer vorgezogene Wand, wodurch der untere Raum nach der Stadt zu nebst dem Welschengarten völlig abgeschlossen war. Davor lag ein wüster, nie betretener Platz, welcher um so weniger besucht ward, als hier ein Türmchen sich an die Mauer lehnte, welches, jetzt zwar leer und unbenutzt, doch immer noch einige Apprehension gab, weil es früher dem Militär zu Aufbewahrung des Pulvers gedient hatte.

Diesen Platz jedoch erreichte das Wasser nicht. Der bisherige Zustand erlaubte, hier etwas ganz Unerwartetes zu veranstalten; man faßte den Gedanken, die Festlichkeit auf die unmittelbar anstoßende Höhe zu verlegen, dahin, wo hinter jener Mauer eine Gruppe alter Eschen sich erhob, welche noch jetzt Bewunderung erregt. Man ebnete unter denselben, welche glücklicherweise ein Oval bildeten, einen anständigen Platz und baute gleich davor in dem schon damals waltenden und auch lange nachher wirkenden Mönchssinne eine sogenannte Einsiedelei, ein Zimmerchen mäßiger Größe, welches man eilig mit Stroh überdeckte und mit Moos bekleidete.

Alles dieses kam in drei Tagen und Nächten zustande, ohne daß man weder bei Hofe noch in der Stadt etwas davon vermutet hätte. Der nah gelegene Bauplatz lieferte unserm Werk die Materialien, wegen der Überschwemmung hatte niemand Lust, sich nach dem Stern zu begeben.

Nach jenen mönchischen, unter diesen Umständen die Oberhand gewinnenden Ansichten kleidete sich eine Gesellschaft geistreicher Freunde in weiße, höchst reinliche Kutten, Kappen und Überwürfe und bereitete sich zum Empfange. Der Hof war zur gesetzlichen Tagesstunde eingeladen; die Herrschaften kamen jenen untern Weg am Wasser her; die Mönche gingen ihnen bis an den erweiterten Felsenraum entgegen, wo man sich anständig ausbreiten konnte, worauf denn nachstehendes, von Kammerherrn Siegmund von Seckendorf gefertigtes Dramolett gesprochen wurde.

PATER ORATOR

Memento mori! Die Damen und Herrn
Gedachten wohl nicht, uns zu finden am Stern,

Es sei denn, sie hätten im voraus vernommen,
Daß, eben am Tag, wie das Wasser gekommen,
Auch wir mit dem Kloster hieher sind geschwommen.
Zwar ist die Kapelle, der schöne Altar,
Die heiligen Bilder, die Orgel sogar,
Erbärmlich beschädigt, fast alles zerschlagen,
Die Stücke, Gott weiß! wo hinabwärts getragen;
Doch Keller und Küche, zwar wenig verschlemmt,
Hat auch sich, gottlob, mit uns feste gestemmt,
Als wir, durch brausende Fluten getrieben,
Hier dicht an der Mauer sind stehengeblieben.

P. PROVISOR

Ja das war fürs Kloster ein groß Glück,
Sonst wären wir wahrlich geschwommen zurück;
Und ist man auch gleich resigniert in Gefahren,
So mag doch der Teufel die Welt so durchfahren.

P. GUARDIAN

Ich meines Orts freu mich der Nachbarschaft,
Die uns unsre seltsame Reise verschafft.
Und ist auch das Kloster hier gut etabliert -

P. KÜCHENMEISTER

Ja nur etwas kärglich und enge logiert -

P. DEKORATOR

Nun, 's Wasser hat freilich uns viel ruiniert

P. FLORIAN

Von Mücken und Schnacken ganz rasend geplagt!

P. KÜCHENMEISTER

Und vielerlei, was mir noch sonst nicht behagt.

P. DEKORATOR

Ei! Ei! wer wird ewige Klaglieder stimmen -
Sei der Herr zufrieden, nicht weiter zu schwimmen!

P. FLORIAN

Der dicke Herr ist der Pater Guardian,
Ein überaus heilig und stiller Mann,
Den wir, dem löblichen Kloster zum Besten,
Mit allem, was lecker und nährend ist, mästen.
Und dieser hier, Pater Dekorator,
Der all unsern Gärten und Bauwerk steht vor,

Der hat nun beinahe drei Nacht nicht geschlafen,
Um uns hier im Tal ein Paradies zu verschaffen.
Denn wenn der was angreift, so hat er nicht Ruh,
Stopft Tag und Nacht die Löcher mit Heckenwerk zu,
Macht Wiesen zu Felsen und Felsen zu Gänge,
Bald gradaus, bald zickzack die Breit und die Länge.
Sogar auch den Ort, den sonst niemand orniert,
Hat er mit Lavendel und Rosen verziert.

P. PROVISOR

Ei überhaupt von den Patern hier insgesamt
Ist keiner, der wohl nicht verwaltet sein Amt.
Doch pranget freilich Pater Küchenmeister
Als einer der höchst spekulierendsten Geister,
Weil schwerlich auf Erden eine Speise existiert,
Die er doch nicht wenigstens hätte probiert.

P. ORATOR

Ja, der versteht sich aufs Sieden und Braten,
Der macht rechte Saucen und *süße Panaten*
Und *Torten von Zucker* und *Cremen mit Wein*,
Mit dem ist's eine Wollust, im Kloster zu sein.
Drum dächt ich, ihr ließt euch drum eben nicht schrecken;
Wenngleich rauhe Felsen unsre Wohnung bedecken
Und eng sind die Zellen und schlecht dies Gewand,
So bergen sie Reize, die nie ihr gekannt.
Laßt ab, zu verschwenden die köstlichen Tage
Mit quirlenden Sinnen und strebender Plage,
Mit schläfrigen Tänzen und schläfrigem Spiel,
In sinnlicher Trägheit und dumpfem Gefühl!
Bekehrt euch von Kolik, von Zahnweh und Flüssen
Und lernet gesünder des Lebens genießen!
Ihr gähnet im Glanze von festlicher Pracht,
Wir schätzen den Tag und benutzen die Nacht;
Ihr schlaft noch beim Aufgang der lieblichen Sonne,
Wir schöpfen und atmen den Morgen mit Wonne:
Ihr taumelt im Hoffen und Wünschen dahin,
Wir lassen uns lieber vom Augenblick ziehn.
Und beichten wir unsere Sünden im Chor,
So sind wir so heilig und ehrlich wie vor.

P. PROVISOR

Herr Guardian, die Glock hat zwei schon geschlagen.

P. GUARDIAN

Gottlob! Ich fühlt es schon längstens im Magen.

P. KÜCHENMEISTER

Euer Hochwürden, die Speisen sind aufgetragen.

P. ORATOR

Sie rechnen's uns allerseits übel nicht an,
Wenn keiner der Paters verweilen nicht kann.
Sie wissen, die Suppe versäumt man nicht gern.

ALLE

O stünde doch unsre Tafel im Stern!

P. GUARDIAN

Doch will jemand ins Refektorium kommen,
So ist er mir und dem Kloster willkommen.

Ab.

Auf die einladenden Verbeugungen des Pater Guardian folgten die Herrschaften mit dem Hofe in das kleine Zimmer, wo um eine Tafel, auf einem reinlichen, aber groben Tischtuche, um eine *Bierkaltschale* eine Anzahl irdener tiefer Teller und Blechlöffel zu sehen waren, so daß man bei der Enge des Raumes und den kümmerlichen Anstalten nicht wußte, was es heißen solle, auch die Frau Oberhofmeisterin, Gräfin Giannini, sonst eine heitere, humoristische Dame, ihr Mißbehagen nicht ganz verbergen konnte.

Hierauf sprach

P. GUARDIAN

Herr Dekorator, der Platz ist sehr enge,
Und unsre Klausur ist eben nicht strenge,
Ich dächte, wir führten die Damen ins Grüne.

P. DEKORATOR

Ja wenn die Sonne so warm nur nicht schiene!

P. GUARDIAN

Es wird ja wohl Schatten zu finden sein.

P. KÜCHENMEISTER

Ich meines Orts esse viel lieber im Frein!

P. GUARDIAN zum P. Dekorator

Es fehlt ihm ja sonst nicht an guten Ideen.

P. DEKORATOR

Nun, wenn Sie's befehlen, so wollen wir sehen.

Geht ab.

P. GUARDIAN

Es ist ein gar fürtrefflicher Mann.

P. KÜCHENMEISTER

Ich zweifle, daß er uns diesmal helfen kann;
Die Plätze sind alle mit Wasser verschlemmt
Und noch nicht peigniert -

P. ORATOR

Sag Er doch: gekämmt!
Daß Er doch sein Frankreich, wo die Küch Er studiert,
Noch immer und ewig im Munde führt!

P. DEKORATOR kommt wieder:

Euer Hochwürden, der Platz ist ersehn;
Wenn's Ihnen gefällig ist, wollen wir gehn.

Alle ab.

In diesem Augenblicke eröffnete sich die hintere Türe, und es erschien eine gegen den engen Vordergrund abstechende prächtig-heitere Szene. Bei einer vollständigen symphonischen Musik sah man, hoch überwölbt und beschattet von den Ästen des Eschenrundes, eine lange, wohlgeschmückte, *fürstliche Tafel,* welche ohne weiteres schicklich nach herkömmlicher Weise besetzt wurde, da sich denn die eingeladenen übrigen Gäste mit Freuden und glückwünschend einfanden.

Den Mönchen ward die schuldigst angebotene Aufwartung verwehrt und ihnen die sonst gewohnten Plätze bei Tafel angewiesen. Der Tag erzeigte sich vollkommen günstig, die rings umgebende Grüne voll und reich. Ein über Felsen herabstürzender Wasserfall, welcher durch einen kräftigen Zubringer unablässig unterhalten wurde und malerisch genug angelegt war, erteilte dem Ganzen ein frisches romantisches Wesen, welches besonders dadurch erhöht wurde, daß man eine Szene der Art in solcher Nähe, an so wüster Stelle keineswegs hatte vermuten können. Das Ganze war künstlerisch abgeschlossen, alles Gemeine durchaus beseitigt; man fühlte sich so nah und fern vom Hause, daß es fast einem Märchen glich.

Genug, der Zustand tat eine durchaus glückliche Wirkung, welche folgereich ward. Man liebte, an den Ort wiederzukehren; der junge Fürst mochte sogar daselbst übernachten, für dessen Bequemlichkeit man die scheinbare Ruine und das simulierte Glockentürmchen einrichtete. Ferner und schließlich aber verdient dieser Lebenspunkt unsre fortdauernde Aufmerksamkeit, indem die sämtlichen Wege an dem Abhange nach Oberweimar zu von hier aus ihren Fortgang gewannen; wobei man die Epoche der übrigen Parkanlagen auf der obern Fläche bis zur Belvederischen Chaussee von diesem glücklich bestandenen Feste an zu rechnen billig befugt ist."

W. Bode schreibt in seiner Goethe-Biographie über das Luisenfest:

„Es ward ein schönes Fest, und außer der Erinnerung blieb eine Erweiterung des Spaziergebiets übrig. Und die Anregung, noch weiter zu arbeiten. Goethe schrieb jetzt der Freundin ‚Aus den Höhlen' und erzählte, daß ihn Kraus beredet habe, an dem Felsenwerk die letzte Hand anzulegen; es war aber noch lange nicht die letzte Hand. Seinen Sitz hatte er dabei, um den Arbeitenden ganz nahe zu sein, in der neuen Einsiedelei, die auch wohl das Luisenkloster hieß. Auch sein Essen ließ er sich wohl dahin bringen: diese Einsiedelei lag genau in der Mitte zwischen seinen beiden Küchenherden, nämlich demjenigen, den seine alte Dorothea besorgte, und dem andern, wo Frau v. Stein die Aufsicht führte." (W. Bode, Goethes Leben 1776-1780, S. 136)

Anna Amalia, die Herzoginmutter, war bei dem Luisenfest nicht dabei, da sie sich noch auf ihrer Rheinreise befand.

So wurde kurzerhand auf Anregung von Goethe beschlossen, auch ihr ein kleines Fest in den neu geschaffenen Räumlichkeiten, dem „Luisenkloster", auszurichten.

„Am 22sten August trat sie abends um Sechs mit ihren Damen und einigen Freunden in sein Häuschen, und als der Garten besehen war, geleitete er sie über die Brücke zur neuen Einsiedelei. Hier ward ein Essen aufgetragen, und es begann ein fröhliches Erzählen von der Reise: von Goethes Mutter, die der Herzogin ganz ausnehmend gefallen hatte, von dem trefflichen Merck, der in den Rheinstädten und ihren Kunstsammlungen den Führer gemacht hatte. In den Gläsern leuchtete Johannisberger Sechziger und rühmte in seiner Sprache gleichfalls die sonnigen Ufer des Rheins.

Als dann aber die einzige Tür des Häuschens oder des Zimmers, denn beide stellten ja den gleichen Raum vor, sich auftat, da bot sich ein Anblick, wie man ihn in dieser besonderen Schönheit auch am Rhein nicht gesehen hatte. Das Ufer der Ilm war auf und ab in Rembrandts Geschmack beleuchtet, ein wunderbares Zaubergemisch von Hell und Dunkel. Herzogin Amalie und Alle waren entzückt; man hatte in letzter Zeit so viel von Rembrandts Landschaften gesprochen: hier lebte eine! Man stieg die kleine Treppe hinunter und schritt zwischen Felsen und Buschwerk den Fluß entlang und über die Brücke nach dem Stern hinunter: nach und nach zerfiel die ganze Vision in eine Menge kleiner Nachtstücke; man sah die Freunde und sich selber von diesen Fackeln und Feuern bald hell, bald matt erleuchtet, und jeder war dankbar und glücklich gestimmt. ‚Ich hätte Goethe vor Liebe fressen mögen' erzählte Wieland, der auch dabei war, im nächsten Briefe an Merck."
(W. Bode, Goethes Leben 1776-1780, S. 136-138)

Rehziemer

1,5 kg Rehrücken
0,5 kg Röstgemüse
0,2 l Rotwein
50 g Preiselbeeren
1 Eßlöffel Senf
0,3 l Wildfond oder Bratensauce
Salz, Pfeffer, Wacholderbeeren, Thymian
Saft einer Orange, Zeste von einer halben Orange

*

Rehrücken von Sehnen befreien und mit Salz und Pfeffer würzen.

Auf beiden Seiten in Öl anbraten.

Gemüse und Rehparüren zugeben und anrösten.

Preiselbeeren und Senf zugeben und mitrösten.

Mit so viel Rotwein und Orangensaft ablöschen, daß sich der Bratensatz löst und zerdrückte Wacholderbeeren, Orangenzeste und Thymian zugeben.

Rehrücken daraufsetzen und im Rohr bei 180 Grad ca. 20 Minuten (je nach gewünschter Garstufe) braten.

Wenn sich die Flüssigkeit zu sehr einreduziert, mit etwas Rotwein aufgießen.

Rehrücken herausnehmen und warmstellen.

Restlichen Rotwein und Wildfond zugeben und gut verkochen.

Abschmecken und mit etwas Stärke oder Butter binden.

Dazu passen gebratene Steinpilze, glacierte Maronen oder Rotweinkirschen.

JuS

1 kg Knochen in Walnußgröße
0,5 kg Röstgemüse (Karotten, Sellerie, Zwiebeln)
0,5 l Wein
Knoblauch, Pfefferkörner, Lorbeerblätter

*

Knochen mit etwas Fett in einem Topf scharf anbraten.

Kleingeschnittenes Röstgemüse dazugeben, Temperatur zurücknehmen und mitbraten, bis alles eine dunkelbraune Farbe hat (Topfboden immer gut abkratzen).

Mit einem Teil des Weines ablöschen und wieder einkochen lassen.

Etwas rösten und wieder mit etwas Wein ablöschen und wieder einkochen lassen.

Mit restlichem Wein ablöschen und mit kaltem Wasser auffüllen.

Gewürze zugeben und sieden lassen (ca. 2 Stunden).

Während des Siedens immer den Schaum abschöpfen.

Jus durch ein feines Sieb oder Tuch passieren.

Ergibt eine neutrale Sauce, die zum Aufgießen von verschiedenen Gerichten verwendet werden kann.

Holunder-relish

500 g schwarze Holunderbeeren
400 g Äpfel, gewürfelt
1 St Zwiebel, in Brunoise
1 St Paprika rot in Brunoise
70 g Rosinen
150 g brauner Zucker
15 cl Essig
1 Teelöffel Senfkörner
3 Nelken, Piment, Salz

*

Zwiebel, Paprika und Äpfel leicht andünsten.

Restliche Zutaten zugeben.

Ca. 1 Stunde dünsten, bis zu marmeladenartiger Konsistenz.

Kochend heiß in Gläser füllen und verschließen.

Hält sich im Kühlschrank einige Monate.

Stollen-pavesen

500 g Stollen oder Panettone
100 g Marzipan
2 cl Grand Marnier oder Rum
10 cl Läuterzucker
0,3 l Milch
6 St Eier
Vanillezucker, Zeste einer halben Orange

*

Stollen in 1 cm dicke Scheiben schneiden und rund ausstechen.

Marzipan mit Likör und Läuterzucker zu einer glatten Masse verarbeiten.

Marzipanmasse auf die Stollentaler streichen und immer zwei zusammensetzen.

Milch, Eier und den Vanillezucker miteinander verrühren.

Die Stollentaler darin gut einweichen.

In heißem Fett knusprig braten.

In Zimtzucker wälzen und mit Weinschaum und einem Eis servieren.

Weinkrem

0,25 l Weißwein
0,25 l Sekt
175 g Zucker
9 St Eigelb
3 Bl Gelatine
0,25 l Sahne

*

Gelatine in kaltem Wasser einweichen.

Sahne steif schlagen.

Wein, Sekt, Zucker und Eigelb im Wasserbad zur Rose aufschlagen.

Gelatine ausdrücken und in dem heißen Schaum auflösen.

Dann auf Eis kaltschlagen.

Wenn die Gelatine zu binden beginnt, die geschlagene Sahne unterheben.

Krem in Gläser oder Schüssel füllen und kaltstellen.

Bierkaltschale

1 l Schwarzbier
$^{1}/_{2}$ St Zimtstange
Zeste von einer halben Zitrone
80 g Zucker
Saft von 3 Stück Zitronen
10 g Stärke
30 g Ingwer, in Scheiben

*

Bier und Zucker mit den Gewürzen aufkochen.

Mit der Stärke abbinden.

Passieren und kaltstellen.

Sehr kalt servieren.

Tip:
Statt Schwarzbier verwenden Sie Weißbier und lassen den Ingwer weg.

Kaninchenrücken im Speckmantel

700 g Kaninchenrücken, ausgelöst und zupaniert
16 Sch Schinken, roh
8 St Rosmarinzweige
4 St Schalotten
1 El grüne Pfefferkörner
0,1 l Weißwein
4 cl Wermuth, trocken
50 g Butter

*

Kaninchenrücken in Stücke von ungefähr 20 g schneiden.

Hauchdünn geschnittene Schinkenscheiben teilen und damit die Kaninchenfleischwürfel einwickeln.

Jeweils 2 Kaninchenfleischwürfel auf einen Rosmarinzweig spießen.

In einer Pfanne in etwas Butter langsam braten.

Spieße herausnehmen und warmstellen.

Schalottenwürfel in der Butter mit den Pfefferkörnern anschwitzen.

Mit dem Wermuth und dem Weißwein ablöschen und mit dem Bratensatz verkochen.

Sauce abschmecken und mit Butter binden.
Über die Spieße geben.

Einladung an Wieland, „mit einem juristisch-oekonomischen frugalen Mahl vorlieb zu nehmen..."

Goethe lädt zur Gutsübernahme nach Oberroßla ein

Das Bild, das man sich im allgemeinen von Goethe macht, ist das eines genialen Dichters. Daß Goethe jedoch auch im weitesten Sinne landwirtschaftlich tätig war, ist weniger geläufig.

Bereits zu seinem Gartenhaus im Park an der Ilm, das Goethe von 1776-1782 bewohnte, bevor er zum Frauenplan umzog, gehörte der Garten am Stern, in dem der Dichter Gemüse anbaute. Bekannt geworden ist vor allem der Goethesche Spargel, der in kulinarischer Hinsicht bei Goethes Beziehung zu Charlotte von Stein von Wichtigkeit wurde.

Aber auch zu Goethes Wohnhaus am Frauenplan gehörte ein Hausgarten mit einem Gartenpavillon. In diesem Garten, der auch von der rückseitigen Straßenseite begangen werden konnte, der Ackerwand, waren Obstbäume, Rosenstöcke und Wilder Wein zu finden, aber die Beete dienten Goethe auch für botanische Experimente. Daneben wurde das Gemüse gezogen, das für den Haushalt benötigt wurde, Spargel und Kohl, Artischocken und Gurken, Bohnen und Erdbeeren.

1796 wurde von Goethe und Christiane Vulpius die Gartentätigkeit ausgeweitet. Das Krautland nördlich des Lottenbaches wurde erworben.

Einen gewissen Höhepunkt in landwirtschaftlicher Hinsicht bildete der Kauf des Gutes Ober-Roßla im Jahr 1798.

Bereits in einem Brief an Rühlemann vom 8. Juni 1798 wird deutlich, daß Goethe sich in ernsthaften Verhandlungen befand: „Ew. Wohlgeboren erhalten hierbey verschiedene Papiere, welche sich auf das Gut Oberroßla beziehen, zu gefälligem Gebrauch."

Die nächsten Tage waren gekennzeichnet durch die Vorbereitungen zur Gutsübernahme und den damit verbundenen Feierlichkeiten, die insbesondere auch gutes Essen und gute

Getränke erwarten ließen.

Die Gründe für Goethe, ein Landgut zu erwerben, sind mehrschichtig. Auf der einen Seite gab es einen „Trend“ zum Landleben. Beispielsweise bewohnte Wieland ein Landgut in Oßmannstedt, das er 1797 erworben hatte. Über das Leben hier in der ländlichen Welt 14 km nordöstlich von Weimar schrieb Christoph Martin Wieland an seinen Verleger: „(...) in meinem Hause zu Oßmannstedt befinde ich mich ununterbrochen wohl und munter, arbeite an meinem Schreibtisch mit Sukzeß, habe, ungeachtet ich wenig vor die Tür komme, guten Appetit, und ich schlafe weit besser als ehemals (...)“ Fast das gesamte klassische Weimar und bedeutende Dichter der Zeit waren in Oßmannstedt bei Wieland zu Gast, die Herzogin Anna Amalia, Johann Gottfried Herder, Jean Paul, Clemens Brentano, Heinrich von Kleist und natürlich Johann Wolfgang von Goethe. Dieser schrieb über Wielands Gut und die Gastfreundschaft dort: „Die, welche ihn öfters besucht, welche mit ihm gelebt, mögen erzählen, wie er gerade hier in seiner Liebenswürdigkeit erschien, als Haus- und Familienvater, als Freund und als Gatte, besonders aber, weil er sich den Menschen wohl entziehen, die Menschen ihn aber nicht entbehren konnten.“

Die „unwiderstehliche Lust nach dem Land- und Gartenleben hatte damals die Menschen ergriffen“, besonders in Weimar. Die Herzoginmutter Anna Amalia wählte sich als Landsitz das Schloß Tiefurt 4 km nordöstlich von Weimar, Friedrich Schiller erwarb einen Garten in der Nähe von Jena.

Neben der Sehnsucht nach dem Landleben gab es jedoch auch weniger emotionsbeladene Gründe, die Goethe zum Kauf des Gutes Ober-Roßla bewegten. Hierzu ist neben der Angst vor einer Inflation besonders bei Christiane der Grund zu suchen. „Der wahre Grund ist wohl, daß er für Christiane Vulpius, die unverehelicht und unversorgt ist, und für den gemeinsamen Sohn August für den Fall des eigenen Todes einen gesicherten Besitz erwerben will“. (E. Beutler, Essays um Goethe, S. 432).

Das Gut Ober-Roßla bestand aus 175 Acker Land, hatte das Recht, 100 Schafe zu halten und hatte Sitz und Stimme im Landtag. Die landwirtschaftlichen Nutzflächen lagen verstreut in der Dorfgemarkung.

Das Haupthaus, ein einfaches Wohnhaus, lag in der Mitte des Dorfes. Es wurde von Nebengebäuden (Scheunen, Ställen) umgeben. Das Gehöft hatte die Form eines Dreiseithofes.

Bereits im Jahr 1796 sollte das Gut Ober-Roßla veräußert werden, doch erst am 8. März 1798 erhielt der von Goethe Beauftragte den Zuschlag.

Während Goethe noch in Jena weilte und von dort Überlegungen zum Empfang der Gäste anstellte, kümmerte sich Christiane intensiv in Weimar um die Vorbereitungen für die Gutsübergabe und das sich daran anschließende Johannes-Fest auf dem Gut.

Am 16. Juni schrieb Christiane an Goethe:

„Das war heute Morgen eine Freude, als die Boten-Frau kam. Das Mütterchen und Bübchen schrieen alle beide zusammen: ‚Was das für ein guter Vater ist! wie der immer vor uns sorgt!" Ich danke Dir herzlich für alles, auch für die Freude, die ich mir machen darf, nach Erfurt zu reisen. Ich hätte gern gesehen, wenn ich Dich vor der Übergabe wiedergesehen hätte; aber so es nicht sein kann, will ich es erwarten. Fischers gehn den Mittewoch oder Dienstag schon nach Rossel und werden alles besorgen. Wegen des Essen habe ich mit der Fischern alles besorgt; auch auf das Johannes-Fest ist alles besorgt. Meine Späße werde ich künftige Woche besorgen. Nur mußt Du mir schreiben, wie Du es mit dem Wein machen willst, ob Du ihn noch aus der Kellerei haben willst; so schicke mir einen Zettel. Den Mittewoch und den Donnerstag kann ich ihn durch Fischers Mägde nunterschicken. Der Bauverwalter hat große Lust, sich um das Essen zu bekümmern; er kommt morgen zu Dir, da kannst Du ihm selbst sagen, daß schon bei der Fischern bestellt ist. Es ist vor Bier und alles gesorgt; nur wegen des Weines ist es noch zu besorgen, und den wollen mir, dächte ich, auch der Fischern übergeben.

Nunmehro habe ich aber auch an meinen lieben Schatz eine große Bitte, daß Du Dich auf die Übergabe über nichts ärgerst und die Sachen nimmst, wie sie sind; denn der Bauverwalter ist sehr gut wieder mit der Hoffmann, das weiß ich ganz gewiß. Bis dahin leb wohl und behalte mich lieb."

Auch Goethes und Christianes gemeinsamer Sohn August war schon voller Vorfreude und gespannter Erwartung. Nachdem er vom Vater aus Jena Obst und Süßigkeiten erhalten hatte, legte er dem Brief seiner Mutter folgendes Schreiben bei:

„Lieber Vater!

Ich sage Ihnen vielen Dank für die vielen und schönen Kirschen und für das süße Zuckerbrot, das ich diesen Morgen von Ihnen erhalten habe. Als die schönen Sachen ankamen, lag ich noch im Bette und konnte meine Augen nicht aufbringen, welches aber sogleich geschahe, sobald ich die Schachtel erblickte; diese machte mir so viele Freude, daß ich mehrmals im Bette hoch aufsprang. Wir öffneten zuerst die Schachtel mit den Kirschen und aßen etwas davon, den noch übrigen, größern Theil habe ich mir auf diesen Mittag aufgehoben, wo sie mir sehr gut schmecken sollen, weil sie schöner - und reifer sind, als die wenigen waren, welche ich bisher gegessen habe. Aus der Zuckerbrotsschachtel habe ich auch einige Stückchen Kuchen gegessen. Ich freue mich sehr auf die Reise nach Roßla, wenn das Hammelschießen ist; doch kommt es darauf an, ob Sie wollen. Leben Sie wohl und behalten Sie mich lieb. August Goethe."

Am 17. Juni kam der Bauverwalter Steffany zu Goethe, um die Gutsübergabe mit ihm zu besprechen. Christiane kümmerte sich derweil um die kulinarischen Bereiche. Dazu erhielt sie von Goethe die notwendigen Anweisungen: „Ich schicke Dir hiermit einen Aufsatz, wie es mit Quartier und Bewirthung bei der Roßlaer Gutsübergabe gehalten werden soll, der Bauverwalter wird weiter mit Dir darüber sprechen.

Ich habe gleichfalls einen Zettel beigelegt, worauf Du meine Gäste verzeichnet siehst; wenn Dir noch jemand einfällt, so darfst Du mir es nur schreiben.

Herrn Professor Meyer, dächt ich, lädest Du auf Johannis hinaus, denn bei der Übergabe wird schlechte Lust sein.

Von Herrn von Wolzogen lässest Du noch Franzwein holen; er wird Dir etwa 3o Bouteillen schicken, thue von denen, die noch vorräthig sind, so viel dazu, daß es 50 werden, diese gibst Du sämmtlich der Fischern mit, sowie auch die 12 Nößel Dessertwein, für welche hier der Zettel an die Kellerei mitfolgt. Was den Sonnabend übrig bleibt, wird auch Sonntag zu Statten kommen. Fischers sorgen also für alles, wie das beiliegende Blatt näher ausweist, was die Bewirthung meiner Gäste betrifft, und Du berechnest Dich nachher mit ihnen.

Ich wünsche, daß Du mir mit der nächsten Post schriebst oder mir allenfalls einen Boten schicktest, wenn Du noch etwas Besonderes zu erinnern hast; sonst mag es bis den Mittwoch anstehen.

Schreibe mir auch, ob eure Erfurter Lust auch lustig abgelaufen ist.

Um übrigens vom Künftigen zu reden, so denke ich Sonnabend, den 30., wieder in Weimar zu sein; ich bleibe alsdann so lange, bis wir zusammen herüber gehen.

Lebe indessen recht wohl, grüße das Kind und halte alles in guter Ordnung.

Schicke mir mit den Botenfrauen etwa noch ein halb Dutzend Flaschen Pyrmonter. (...)

Bei der Übergabe verspreche ich Dir als bloßer Zuschauer zu erscheinen und mich nichts anfechten zu lassen; welches mir um so leichter werden wird, als ich Rühlemann zum Beistande habe. Lebe übrigens recht wohl. Mittewochs hörst Du noch von mir und Sonntags findest Du ein Briefchen in Roßla.

Lebe recht wohl und küsse den Kleinen.

Herrn Bauverwalter gibst Du mein stählernes Siegel, das auf meinem Schreibtische liegen wird; wenn es eingeschlossen sein sollte, so brichst Du das eingesiegelte Schlüsselchen auf."

Einen Tag später, am 18. Juni, konnte Christiane in einem Brief Goethe die Speisenfolge mitteilen: „Lieber Schatz,

Wegen Rossel habe ich mit der Fischern alles abgeredet, und meine Hoffnung ist, es soll alles gut gehn. Unsere Fahrt ist sehr gut abgelaufen. Das aber muß ich Dir alles mündlich erzählen. Da ich nunmehr ganz glatt bin, kannst Du Dir denken, was die Leute wieder vor Äugelchen mit mir machen wollen; und mir haben uns alle sehr geputzt, und es sind uns sehr viel Ehrenbezeugungen gemacht worden, und wo Lützow ist, muß man ihm nachsagen, daß es alles auf einem sehr honetten Fuß gehen muß. Die Reise soll uns in Schlampamsstündchen unterhalten, denn ich habe Dir sehr viel zu erzählen; und Bekanntschaften gibt es nunmehro in Jena bald aus allen Welttheilen. Unser Fest soll in Rossel gut werden. Leb wohl. In Rossel treffe ich ein Briefchen von Dir, und ich freu mich sehr auf Sonnabend über 8 Tage, Dich wieder bei mir zu sehn, und daß ich Dir sagen kann, daß ich Dich nur ganz allein liebe und mich mit Dir wieder freuen kann. Denn alle Freuden sind doch ohne seinen Schatz nichts. Alle andere Männer und Äuglichen kommen mir abgeschmackt vor. Leb wohl und liebe mich so wie ich Dich.

Hier folget die Quittung, sei so gut und schicke mir sie nächstens wieder mit. Das Geld habe ich; ich hab nur davon genommen, was ich vor Dich ausgelegt habe. Das andere mag stehn, bis Du kömmst. Leb wohl.

Das Kind grüßt das lieb Väterchen bestens, es freut sich auf Rossel.

Was ich den Freitag bestellt habe zu essen:

1. Erstens eine Sago-Suppe.
2. Rindfleisch mit Senf.
3. Grüne Erbsen mit jungen Hühnern.
4. *Forellen* oder Back-Fische.
5. *Wildprets-Braten* und *Gänse.*
6. *Torte* und *Rührkuchen.*“

Der Bruder von Christiane Vulpius, Christian August, war derweil damit beschäftigt, das Johannesfest für den 24. Juni mitzuorganisieren. Er schrieb darüber an Goethe: „Ew. Excellenz soll ich, da meine Schwester eben nicht sehr geschwinde mit der Feder fortkömmt, schreiben, wie sie meint, daß es mit der Festlichkeit zu Roßla könne gehalten werden. Sonntags soll sehr früh dahin gefahren, von der ganzen Gesellschaft in die Kirche gegangen und, da dieselbe arm ist, der Klingelbeutel reichlich bedacht werden. Sodann, nach dem Mittag-Essen und der Kirche, werden die Dorfbewohner mit Musik vor das Gut kommen und dort den Hämmel abholen. Von hier aus soll nun der Zug nach dem Wirthshause also gehen:

1. Die Dorfmusik.
2. Die jungen Pursche; Paar und Paar.
3. Die Mädchen.
4. August und eine kleine Bäuerin, mit dem Hämmel.
5. Die Stadtfrauenzimmer; Paar und Paar.
6. Die Herren.
7. Unsere Musik.

Bei dem Wirtshause wird den Leuten der Hämmel übergeben, ein kleiner Ehrentrunk angenommen und sodann nach dem Gute zurückgezogen, wo gegen Abend (wenn die Frauenzimmer es erwarten können) der Ball anheben und dann nach Weimar zu rechter Zeit wieder zurückgefahren werden soll." (19. Juni 1798)

Goethe, der sich immer noch in Jena aufhielt, antwortete am 20. Juni und schrieb Christiane.

„Es war mir sehr erfreulich zu hören, daß eure Erfurter Tour glücklich und vergnügt abgelaufen ist; die Gewitter, welche sich Abends nach jener Gegend zu sehen ließen, hatten mir einige Sorgen gemacht. Nun wünsche ich euch zu Johanni einen schönen Tag; die Einrichtung von eurem Feste, wie sie mir der Registrator schreibt, ist recht gut, ich wünsche auch viel Spaß dabei.

In Roßla findest Du einen Brief, durch den Du erfährst, wie es mir Freitags und Sonnabends ergangen ist.

Was bis Sonnabends früh bei Dir einläuft, auch allenfalls ein Brief von Fräulein von Göchhausen, schickst Du mir mit den Botenweibern, daß ich es des Abends bei meiner Rückehr finde.

Die nächste Woche will ich noch fleißig sein, ich habe eben ohngefähr noch 8 Tage zu thun und fange schon an, wieder nach Hause zu verlangen.

Die Arbeiten, die ich mir vorsetzte, sind schon glücklich vollendet. Grüße Deinen Bruder, danke ihm für die Nachricht und sag ihm, daß Professor Woltmann noch nicht wieder nach Jena zurück ist.

Auch gib Deinem Bruder beiliegenden Zettel.

Ich hoffe, daß Du Dein glattes Gesichtchen, so wie die Äugelchen für den Schatz aufheben wirst.

Hierbei liegt auch Götzens Quittung, dem Du das Quartal bald möglichst sendest."

Einen Tag später machte sich Goethe von Jena auf den Weg nach Ober-Roßla.

„Da ich keine Reitpferde bekommen konnte, so mußte ich von Jena herüber fahren, der Weg ist aber so abscheulich, daß ich ihn nicht zurückmessen mag; deßwegen will ich Sonnabends von hier auf Weimar fahren und Dich heimlich besuchen, Du mußt aber gegen niemand nichts merken lassen; ich werde eher spät als frühe kommen.

Die Jenaischen Pferde holen mich ab, der Jenaische Wagen ist hier stehen geblieben, Du hast also für weiter nichts zu sorgen. Sonntags früh fahre ich wieder nach Jena, und Du fährst nach Roßla, wir können indeß doch alles Vorgefallne besprechen, welches zu mancherlei nütze ist. Lebe recht wohl. Beim Herrn Pfarrer ist es recht hübsch. Ober-Roßla, den 21. Juni 1798."

Goethe vergaß auch nicht, zur Gutsübernahme Wieland einzuladen. Dieser war ja fast Nachbar und bewohnte ein Gut in Oßmannstedt. Goethe schrieb in seiner Einladung:

„Meinem lieben Herrn Bruder in Apoll und Genossen in Ceres vermelde ich hierdurch freundlichst, daß ich in Oberroßla angelangt bin, um von meiner Hufe und dem zugehörigen Besitz zu nehmen. Wie mich nun eine so nahe Nachbarschaft herzlich erfreut, so wollte ich hiermit höflichst gebeten haben: morgens, gegen Mittagszeit, sich aus Euro Pallästen in unsere Hütte zu begeben, mit einem juristisch-oekonomischen, frugalen Mahl vorlieb zu nehmen."

Am selben Tag erfolgt die Übergabe des Guts. Bei den Verkäufern wurde das Mittagessen eingenommen.

Währenddessen hatte Christiane Schwierigkeiten, in Weimar Speisefische zu organisieren.

„Kein Aal ist nicht zu kriegen, auch in Weimar kein Pfund anderer Fisch; aber ich bekomme 12 Pfund *Forellen* von unserm Gärtner. Auf das Sonntagsfest freu ich mich auch recht.

Leb wohl. Morgen sehe ich Dich; wenn Du kommst, bleibe lieber bei mir. Morgen früh um 4 Uhr geht der Bote nach Weimar, der den Fisch holt, da kannst Du mir ein Briefchen mitschicken." (22. Juni 1798)

Goethe antwortete aus Ober-Roßla: „Ich will Dir nur mit wenigen Worten sagen, daß alles gut geht; ich habe mir vorgenommen, mich nicht zu ärgern, und konnte es leicht halten, denn außer den Kleinlichkeiten, die wir schon wissen, ist nichts Neues und Besondres vorgekommen. Dagegen erhält Fischer sehr schönes Inventarium Vieh, und es kommen noch einige Puncte vor, die, wenn sie durchgehen, zu meinem und seinem Nutzen sein werden.

Die Gegenwart des Herrn Landkammerrath Rühlemann ist von ganz besondrer Bedeutung.

Durch den Hofadvocat Schenk, der das Gegenwärtige besorgt, kannst Du mir wieder antworten. Doch bleibt es dabei, daß ich morgen Abend komme. Laß nur hinten den Garten auf, ich lasse Geisten durch die Stadt fahren. Lebe recht wohl und grüße das Kind."

Am Samstag, dem 23. Juni, erfolgte die Fortsetzung der Gutsübergabe. Dazu wurde dem Pächter Fischer Haus und Hof übergeben. Ein großes Mittagessen fand statt, bei dem neben Wieland und seiner Frau auch der Amtmann, der Rentbeamte, der Pächter Fischer, der Pfarrer Reimann sowie zahlreiche weitere Personen teilnahmen. Am Abend reiste Goethe zurück nach Weimar. Goethe schrieb in einem Brief an Schiller über Wieland: „Wieland war in Oberroßla sehr munter. Das Landleben macht ihm noch immer viel Freude, doch hat ers eigentlich noch nicht angetreten."

„Die Übergabe von Ober-Roßla erfolgt am Tage der Sonnenwende durch Anmachen und Löschen des Herdfeuers, Ausstechen eines Stückes Erde im Küchengarten und Abbrechen eines Zweiges. Kirchgang, Musikumzug, Tanz, und vor allem der Einzugsschmaus! Anwesend sind zwanzig Personen, darunter Wieland als Gutsnachbar von Osmannstedt und der Ortspfarrer. Christiane nimmt nicht teil, aber wissend, was sich ziemt, bestimmt sie die Speisenfolge. Man ißt Sagosuppe, Rindfleisch mit Senf, junge Hühner mit grünen Erbsen, Forellen oder Backfisch, *Wildbret* und *Gansbraten,* Torte und Rührkuchen. Dazu stehen 50 Flaschen französischer Wein und 12 Nösel Dessertwein bereit." (E. Beutler, Essays um Goethe,

S. 432).

Am 26. Juni werde der endgültige Pachtkontrakt mit Fischer besiegelt, das Gut Oberroßla wurde demnach bis Johannis 1804 ihm anvertraut.

„Der Pächter zahlt 350 Taler bar und hat jährlich an Goethe zu liefern 340 Stück Butterweck, 100 Stück Maibutter, 192 Paar Käse, 24 Schock Eier, 3 Schweine, 12 Gänse, 4 Schock Lerchen, von Enten, Tauben, Truthühnern und Schöpsenkeulen zu schweigen." (E. Beutler, Essays um Goethe, S. 433).

Am 18. Juli fand in Ober-Roßla das Kirchweihfest statt. Dazu begab sich Christiane einige Tage vorher dorthin, um die Feierlichkeiten zu organisieren. Am 17. Juli schrieb sie an Goethe:

„Lieber, allerbester, einziggeliebter Schatz,

Ich habe hier alles sauber und in der besten Ordnung gefunden, und die Schätzchen sind sehr vergnügt. Nur mit mir will es nicht recht gehen; zumal wenn ich so vor mich allein bin, da mache ich mir noch allerlei Gedanken. Ich bitte Dich nur, Lieber, nicht anders als sonst von mir zu denken und mich nur lieb zu haben. Das ist mein einziger Wunsch. Wenn es Dich morgen nicht so viel schadet, so komme ja morgen, das ganze Dorf wird sich freun. Die Leute sind alle so freundlich und gut. Die jungen Bursche [hatten] sich von dem Müller eine Erle geben lassen, und wie sie [sie] haben setzen wollen, ging sie in der Mitten vonander; so kamen sie alle ins Gut und baten mich sehr, daß ich ihnen doch eine andere geben möchte. Da habe ich ihnen eine von der Eigel [?] geben lassen, ich habe es nicht abschlagen können; die haben den Baum mit Musik gesetzt und werden sich selbst bedanken. Mündlich will ich Dir alles erzählen; man kann hier nicht in Ruhe schreiben, Gille und der junge Fischer ist hier. Sei nicht böse, daß ich Dir es wegen des Baumes nicht erst geschrieben habe; aber es war gestern schon spät, und sie wollten sie doch gern gestern setzen. Leb wohl, mein Lieber, Fischer und seine Frau empfehlen sich bestens."

August legte dem Schreiben eine kurze Anmerkung bei: „Lieber Vater!

Mir gefällt es hier sehr gut und mir fehlt weiter gar nichts, als daß das Väterchen da wäre. Die Fischern hat sehr gute Kuchen gebacken.

Leben Sie wohl und behalten Sie mich lieb.

August Goethe."

Bereits im kommenden Monat August weilte Christiane wieder auf dem Gut Ober-Roßla. Hierüber schrieb sie an Goethe:

„Bei uns hier im Gute ist weiter noch nichts gemacht. Der Herr Canzler ist ein Windbeutel; ich habe ihn gestern selbst erinnert, und er versprach, heute zu kommen, aber er ist nicht gekommen. Mit der Ernte geht es recht gut, mit dem Korne sind sie fertig. Wegen der Kühe-Tröge sind sie nur in Verlegenheit; Häser meinte, wenn er nur eine Eiche hätte, da wollte er welche machen lassen. Ist denn keine Eiche im alten Garten? Wenn Du nicht kommen kannst, Lieber, so will ich den Sonnabend wieder nach Weimar. Kämst Du aber künftige Woche hierher, so will ich hier bleiben, bis Du kämst. Wenn Du könntest wegen Canzler herkommen, wäre es gut. Sonst gefällt es mir sehr gut, und ich bin hier sehr zufrieden. Wenn Du mir etwa könntest eine kleine Melone mit schicken; und wenn sie in Jena etwa wohlfeile Heringe haben, so schicke mir einen mit. Gustel und Götze sind sehr glücklich. Leb wohl und behalte mich lieb. Ich freue mich, Dich bald wiederzusehen. Adieu, Lieber."

Jedoch brachte das Gut Oberroßla Goethe und Christiane nur wenig Glück. „Doch die ‚landschaftliche Grille', der Goethe nachgegeben hatte und die ihn mit dörflichen Verhältnissen vertrauter als bisher machte, erwies sich auf die Dauer als eine Belastung, die nicht zu tragen war. Die Bewirtschaftung des Guts war schwierig; ein neuer Pächter mußte wegen der Unzuverlässigkeit des alten gefunden werden, und Oberroßla war zu abgelegen, als daß sich öftere Aufenthalte dort mit den übrigen Pflichten und Tätigkeiten leicht verbinden ließen. Zu dem war der Ertrag gering, und da Goethe nicht bar bezahlt hatte, wurden die Kredite lästig. Nach fünf Jahren verkaufte er 1803 sein Gut und konnte dabei noch einen kleinen Gewinn einstreichen." (K. O. Conrady. Goethe, II, S. 238)

Der Pächter zahlte nicht die Pacht, stahl und betrog, so daß 1803 ein Verkauf beschlossen wurde. Am 12. Mai 1803 erfolgte der Abschluß des Kaufvertrages. „Das Ding ging für 15500 Reichstaler, von denen 10000 bei der Übergabe am 16.7., 3000 zu Michaeli und 2500 zu Weihnachten desselben Jahres erlegt werden sollten, in Reimanns Besitz über." Damit machte Goethe einen Gewinn von etwa 2000 Talern.

Am 20. Juli schrieb Goethe aus Weimar an Christiane, die sich in Lauchstädt aufhielt:

„Mit der Gutsübergabe ist es recht artig und glatt gegangen. Kirchner (der Kammerconsulent) hat als Notarius sein Hocuspocus recht ordentlich gemacht, am Schlusse ließ ich etwas Kaltes aufsetzen. Das Geld schaffe ich wieder fort, und durch eine Verbindung von Umständen komme ich mit den Interessen sehr leidlich weg. Wenn Du zurückkommst, wollen wir unsern Haushalt recht schön ordnen und von alten Sünden völlig reinigen."

Die folgende Textstelle schließlich belegt, daß das Kapitel „Gut Ober-Roßla" für Goethe beendet war.

Frühjahr / Sommer 1803

„War der vorige Pächter ein Lebemann und in seinem Geschäft leichtsinnig und nachlässig, so hatte der neue als bisheriger Bürger einer Landstadt, eine gewisse eigene kleinliche Rechtlichkeit (...) war der häusliche Mann doch auch klar geworden, daß die Besitzung für den der Sie persönlich benutze ganz einträglich sei, und in dem Maße wie mir der Besitz verleidete, mußte er ihm wünschenswert erscheinen, und so ereignete sich's, daß ich (...) das Gut ihm abtrat, ohne irgend einen Verlust als der Zeit und allenfalls des Aufwandes auf ländliche Feste, deren Vergnügen man aber doch auch für etwas rechnen mußte. Konnte man ferner die klare Anschauung dieser Zustände auch nicht zu Geld anschlagen, so war doch viel gewonnen und nebenbei manch heiterer Tag im Freien gesellig zugebracht. (...) erlebte ich das Glück mein Verhältnis zu den Erdschollen von Roßla völlig aufgehoben zu sehen."

Forelle, gedünstet

4 St Forellen
4 St Schalotten
0,2 l Weißwein
0,2 l Sahne
0,1 l Crème fraîche
2 St Zitronen, filetiert
Salz, Pfeffer, Petersilie, Schnittlauch, Estragon

*

Petersilie hacken, Schnittlauch und Estragon schneiden.

Die Forellen gut säubern und mit Zitronensaft, Salz und Pfeffer würzen.

Schalotten in feine Würfel schneiden und eine gebutterte feuerfeste Form damit ausstreuen.

Forellen hineinsetzen und mit Wein angießen.

Mit Alufolie abdecken und im Ofen ca. 15 Minuten bei 180 Grad garen.

Forellen herausnehmen, Haut abziehen und warmstellen.

Fond in einen Topf geben und mit Sahne und Crème fraîche verkochen.

Sauce passieren und mit etwas angerührter Stärke binden.

Kräuter und Zitronenfilets in die Sauce geben und mit Salz und Pfeffer abschmecken.

Auf Tellern mit Salzkartoffeln anrichten.

MILD GEPÖKELTE GÄNSEBRUST MIT BACKPFLAUMENSAUCE

2 St doppelte Gänsebrüste am Knochen
0,5 l Pökellake vom Metzger
3 Eßlöffel Zucker
8 cl Rotweinessig
200 g Backpflaumen
200 g Zwiebeln, geschält und grob geschnitten
150 g Karotten, grob geschnitten
150 g Sellerie, grob geschnitten
Lorbeer, Wacholder, Pfefferkörner
0,3 l Portwein
0,2 l Rotwein
1 l Gänsefond oder Fleischbrühe

*

Pökellake mit Wasser eins zu eins verdünnen.

Gänsebrüste gut säubern, abtrocknen und in die Pökellake legen.

Für 1 bis 2 Tage in den Kühlschrank stellen.

Gänsebrüste aus der Lake nehmen, gut abtrocknen und mit Pfeffer würzen.

In einem Schmortopf auf beiden Seiten in heißem Fett anbraten.

Brüste herausnehmen und den Zucker goldgelb karamelisieren lassen.

Mit dem Essig ablöschen.

Backpflaumen (einen Teil kleinschneiden und als Sauceneinlage aufheben), Gemüse und Gewürze zugeben und glacieren.

Mit Port- und Rotwein ablöschen und um die Hälfte einkochen.

Mit der Hälfte des Gänsefonds auffüllen und die angebratenen Gänsebrüste einlegen.

Schmortopf bei 160 Grad ca. 80 Minuten in die Backröhre stellen.

Mit restlichem Gänsefond nach und nach auffüllen.

Wenn die Gänsebrüste weich sind, sie herausnehmen und warmstellen.

Sauce durch ein Sieb passieren und kleingeschnittene Backpflaumen zugeben.

Mit Salz, Pfeffer und Armagnac abschmecken.

Evtl. mit etwas Stärke binden.

Rehrücken mit Wacholder-Hollandaise

800 g Rehrückenfilet
1 l Wildfond oder Fleischbrühe
Wacholderbeeren, Zweig Rosmarin, Pfefferkörner, Lorbeer
250 g Butter
4 St Eigelb
0,1 l Weißwein
3 St Schalotten, in Scheiben geschnitten
2 cl Sherryessig

*

Butter klären.

Schalotten in etwas Butter ohne Farbe nehmen zu lassen anschwitzen.

Mit Wein und Essig ablöschen.

Reichlich zerdrückte Wacholderbeeren, einige Pfefferkörner und einen kleinen Zweig Rosmarin zugeben.

Das Ganze auf ca. 4 cl einkochen und passieren.

Diese Reduktion im Wasserbad sehr schaumig schlagen, bis eine Bindung entsteht.

Dann aus dem Wasserbad nehmen und die geklärte Butter langsam einrühren (Butter nur vorsichtig zugeben, damit die Bindung erhalten bleibt).

Mit Salz, Pfeffer und etwas Zitronensaft abschmecken, warmstellen.

Wildfond mit Gewürzen zum Kochen bringen.

Rehrückenfilets mit Salz und Pfeffer würzen und von beiden Seiten in der Pfanne anbraten.

Angebratene Filets in den Wildfond legen und Temperatur zurücknehmen.

Die Rückenfilets ca. 7 Minuten im Fond sieden lassen.

Fleisch herausnehmen, tranchieren und mit wenig Wildfond und passendem Gemüse anrichten.

Wacholder-Hollandaise extra servieren.

Biskuit-Roulade mit Zitronencreme

4 St Zitronen-Saft und Zeste
140 g Zucker
20 g Vanille-Cremepulver
1 St Eigelb
1/8 l Weißwein
5 Blatt Gelatine
600 g geschlagene Sahne
Biskuit-Masse:
5 St Eier
100 g Zucker
50 g Weizenmehl
50 g Weizenpuder
Prise Salz, Zitronenzeste, Vanillezucker

*

Biskuit:

Eigelb mit $^1/_3$ des Zuckers in der Küchenmaschine sehr schaumig schlagen. Eiklar und $^2/_3$ des Zuckers zu Schnee schlagen. Eischnee unter die Eigelbmasse heben. Mehl und Puder sieben und untermelieren. Backblech mit Papier auslegen und die Biskuitmasse darauf verstreichen. Bei 200 Grad backen. Stürzen und das Papier von der Mitte weg vom Biskuit abziehen. Biskuit solange er noch warm ist in ein Küchentuch einrollen.

Creme:

Gelatine in kaltem Wasser einweichen. Zitronenzeste und -saft, Zucker, Cremepulver, Eigelb und Wein unter ständigem Rühren aufkochen. Gelatine ausdrücken und unterrühren. In Eiswasser kaltrühren. Die geschlagene Sahne unterheben.

Zusammensetzen:

Biskuit ausrollen und auf dem Tuch liegenlassen. Mit der Creme bestreichen. Mit Hilfe des Tuches wieder einrollen. Mit Puderzucker bestreuen.

„Ein Souper sollte eingenommen werden, zu welchem die Damen das Essen, die Herren den Wein liefern würden."

Von der Gründung einer Cour d'amour und einer enttäuschten Henriette von Egloffstein

Von Goethe ist ja allgemein bekannt, daß er in einer geselligen Runde häufig sehr schnell auftaute und besonders dann, wenn hübsche junge Damen dabei waren, er geradezu Entertainerqualitäten entwickelte. Dabei konnte Goethe das gesamte Register seiner Möglichkeiten ziehen: ob es um Abzählspiele, Gesellschaftsspiele, spontan entwickelte Gedichte und deren Vortrag oder um charmante Komplimente ging, bei und mit Goethe wurde es in der Regel nie langweilig, wenn es hieß, beispielsweise lange Winterabende in Goethes Haus am Weimarer Frauenplan oder bei den Bekannten des „Mittwochskränzchens" zu gestalten.

Heinrich Voß, der von 1804-1806 Lehrer am Weimarer Gymnasium war, berichtet eine Anekdote, die den geselligen Goethe verdeutlicht:

„Es wurde bei Tisch gescherzt, gelacht, am Ende sogar die bunte Reihe hindurch geküßt, und Goethe war fast am lustigsten. Nur ein klein Geschichtchen. Ich bat gegen Ende der Mahlzeit Goethes Riemer, mir einen Schlag zu geben mit den Worten: ‚Schick weiter.' Ich gab ihn meiner Nachbarin Silie und diese ihrem Nachbar, und so ging's weiter, bis zu Maaß, die neben Goethe saß... Die Maaß stutzte ein wenig, doch entschloß sie sich endlich, Goethe einen tüchtigen Klaps zu geben. Goethe drehte sich zu ihr und küßte sie und darauf seine andere Nachbarin mit den Worten: ‚Schick's weiter.' Die will durchaus nicht, wahrscheinlich, weil ihr der Nachbar nicht anstand. ‚Nun', sagte Goethe, ‚wenn's so nicht herum will, muß es retour gehen', läßt sich wieder küssen, küßt wieder die Maaß, und so geht's fort, bis auf die kleine Silie, die mir den letzten Kuß gab..."

Henriette von Egloffstein (1773-1864) aus Weimar, die gegen ihren Willen mit einem fränkischen Grafen verheiratet wurde, sich mit ihren Kindern aber von ihrem Mann wieder löste und 1800 nach Weimar zurückkehrte, nahm im Jahr 1801 im Rahmen des „Mittwochkränzchens" an einem „Dejeuner" bei der Göchhausen teil. Hier war auch Goethe anwesend.

Darüber schrieb sie folgenden Brief:

„Eines Morgens, an welchem sich zufälligerweise außer mir nur noch einige Freundinnen bei der Göchhausen zum Dejeuner eingefunden hatten, stellte sich auch Goethe ein und äußerte seine Zufriedenheit darüber, daß er heute Hahn im Korbe sei. Hierauf erklärte er, dies käme ihm recht gelegen, weil er schon längst den Wunsch gehegt, ein vernünftiges Wort mit uns im Vertrauen zu sprechen, und doch brachte er nur die extravagantesten Dinge vor, die uns desto mehr überraschten, als die meisten von uns ihn noch nie in einer solchen Stimmung gesehen und wir uns nun mehr erklären konnten, wie anziehend und liebenswürdig er in früherer Zeit gewesen sein müsse, bevor er die ihm jetzt eigene pedantische Steifheit angenommen hatte. In seiner lebhaften Unterhaltung kam er, wie man im gemeinen Leben sagt, vom Hundertsten ins Tausendste und endlich auch auf das, was er das Elend der jetzigen gesellschaftlichen Zustände nannte. Mit den grellsten Farben schilderte er die Geistesleerheit und Gemütlosigkeit, die sich gegenwärtig überall, besonders aber im geselligen Verkehr bemerklich mache, und hob dagegen das ehemalige gesellige Leben in kräftigen Zügen hervor. Während er hierüber wie der Professor auf dem Katheder dozierte, erhitzte er sich mehr und mehr, bis er endlich seinen ganzen Zorn über den Teufel der Hoffart ergoß, der die Genügsamkeit und den Frohsinn aus der Welt verbannt, dagegen aber die unerträglichste Langeweile eingeschmuggelt habe. Man müsse, meinte er, mit vereinten Kräften gegen diesen bösen Dämon zu Felde ziehen, sonst würde derselbe noch weit mehr Unheil stiften, und gleich auf der Stelle wolle er uns den Vorschlag machen, wir sollten zur Erheiterung des nah bevorstehenden traurigen Winters einen Verein bilden, wie es deren in der guten alten Zeit so viele gegeben habe. Wenn nur ein paar gescheite Leute den Anfang machten, dann würden die übrigen schon nachfolgen, und sich plötzlich zu mir wendend, setzte er hinzu, indem er mir seine Hand reichte: die Wahrheit seiner Behauptung würde sich sogleich bestätigen, wenn ich ihn zum Partner annehmen und den andern mit gutem Beispiel vorangehen wollte. Obgleich mich dieser Antrag überraschte, so hielt ich denselben doch nur für das Aufblitzen einer schnell vorübergehenden Laune und würde es für die lächerlichste Prüderie gehalten haben, nicht in den Scherz einzugehen. Ich legte also unbedenklich meine Hand in die seinige und belachte den Eifer, womit er die andern anwesenden Damen aufforderte, jede von ihnen möge gleichfalls einen poursuivant d'amour erwählen, denn unser Verein müsse nach der wohlbekannten Minnesängersitte eine cour d'amour bilden und auch so genannt werden, indem der Name die poetische Tendenz desselben und die Zwangslosigkeit bezeichne, die unter den Mitgliedern herrschen solle. Ob übrigens Amor seine Rechte bei den letzteren geltend machen könne und dürfe, möge der Macht des kleinen schelmischen Gottes überlassen bleiben.

Goethes Aufforderung hatte eigentlich unsre Wirtin wegen ihres Alters und ihrer Mißgestalt beleidigen können, wäre die sogenannte gute Dame nicht schon längst an unzarte Behandlung gewöhnt gewesen. Daher kam es denn im gegenwärtigen Falle, daß sie sogleich in seinen Vorschlag einging und mit der ihr eigenen komischen Manier erklärte: sie sei bereit, dem Aufruf Folge zu leisten, da sie mit Gewißheit darauf rechnen könne, einen treuen Seladon zu finden; die anderen schönen Damen möchten nur ihr Heil versuchen, ob ihnen ebenso dienstwillige Narren zu Gebote stehen würden als ihr.

Goethe nahm diese humoristische Erklärung mit dem lebhaftesten Beifall auf und begab sich sogleich an den Schreibtisch unsrer gefälligen Wirtin, wo er in der größten Geschwindigkeit die folgenden Statuten der cour d'amour improvisierte:

Erstlich sollte die zu errichtende Gesellschaft aus lauter wohlassortierten Paaren bestehen, die Versammlung derselben wöchentlich einmal, abends nach dem Theater im Goethischen Hause stattfinden und dort ein Souper eingenommen werden, zu welchem die Damen das Essen, die Herren den Wein liefern würden.

Zweitens werde jedem Mitgliede die Erlaubnis erteilt, einen Gast mitzubringen, jedoch nur unter der unerläßlichen Bedingung, daß dieser allen Teilen gleich angenehm und willkommen sei.

Drittens dürfe während des Beisammenseins kein Gegenstand zur Sprache kommen, der sich auf politische oder andere Streitfragen beziehen könnte, damit die Harmonie des Vereins keine Störung erleide.

Viertens und letztens sollten die gegenseitig erwählten Paare nur so lange zur Ausdauer in dem geschlossenen Bündnis verpflichtet sein, bis die Frühlingslüfte den Eintritt der milderen Jahreszeit verkündigten, wo dann jedem Teile freistehen müsse, die bisher getragenen Rosenfesseln beizubehalten oder gegen neue zu vertauschen.

Als Goethe dies merkwürdige Aktenstück uns vorlas, konnte ich mich nicht enthalten, seine auffallende Gravität und den imponierenden Nachdruck zu belächeln, womit er einzelne Stellen betonte."

Goethe hatte bei dieser Cour d'amour an alles gedacht. Er selbst wählte sich die Gräfin Egloffstein zur Partnerin. Die anderen Paare wurden von Goethe folgendermaßen zusammengestellt: Friedrich Schiller wurde Caroline von Wolzogen zugeordnet, Charlotte Schiller Wolzogen; Einsiedel und Caroline von Egloffstein, ihr Ehemann und Henriette von Wolfskeel, August von Egloffstein und Amalie von Imhoff, Heinrich Meyer und Louise von Göchhausen, das waren die übrigen Paare.

Henriette von Egloffstein, die den oben angeführten Brief schrieb, war von Goethes „Cour d'amour" allerdings weniger begeistert, und daß, obwohl oder weil sie von Goethe zur Königin seines „Minnehofes" ernannt worden war.

Vielleicht liegt das auch daran, daß Goethe in seiner autoritären Art, ohne groß zu fragen, sich die attraktive Gräfin Egloffstein zu seiner Partnerin wählte.

Möglicherweise lag es aber auch an den Maximen, die den

Paaren abgefordert wurden und von Goethe folgendermaßen formuliert wurden: „Neigung ohne Leidenschaft, Wetteifer ohne Neid, Geschmack ohne Anmaßung, Gefälligkeit ohne Ziererei und Natürlichkeit ohne Roheit."

Die Gräfin Egloffstein sah das Scheitern der Cour d'amour in Goethes Verhalten. „Ohne seine Erlaubnis durften wir weder essen oder trinken, noch aufstehen oder uns niedersetzen, geschweige denn eine Konversation führen, die ihm nicht behagte. So kam es dahin, daß die Langeweile, über die er sich kurz zuvor so bitter beklagt hatte, mit unerträglicher Schwere auf uns lastete, ohne daß er selbst es im mindesten bemerkte." Friedrich Schiller konnte der Cour d'amour hingegen auch positive Akzente abgewinnen, es gehe recht vergnügt zu, es werde fleißig gesungen und pokuliert. Doch die „edle Gesellschaft", die sich alle 14 Tage nach dem Theater zum Souper bei Goethe traf, löste sich im Frühling des Jahres 1802 auf.

Crepinetten von Lachs und Zander

400 g Zanderfilet
300 g Lachsfilet
100 g Mie de pain (geriebenes Weißbrot)
2 St Eier
Petersilie, Dill, Schnittlauch
3 St Schalotten
1 St Karotte
1 St Lauch
Salz, Pfeffer, Zitronensaft, Pernod

*

Lachsfilet in kleine Würfel schneiden und mit Salz, Pfeffer und Zitronensaft marinieren.

Schalotten kleinschneiden und in etwas Butter anschwitzen.

Kräuter waschen, zupfen und waschen.

Gemüse putzen, in feine Würfel schneiden und blanchieren.

Zanderfilet durch die feine Scheibe des Wolfs drehen.

Den gewolften Zander mit allen Zutaten mischen und mit Salz, Pfeffer und etwas Pernod abschmecken.

Buletten formen und in Öl goldbraun braten.

Auf Schwarzwurzelgemüse anrichten.

Rübstiel-Törtchen mit gebratenem Lammrücken

400 g Rübstiel, geputzt und gewaschen
2 St Schalotten
30 g Butter
1 Teelöffel Mehl
0,1 l Sahne
Salz, Pfeffer, Muskat
2 St Eigelb
400 g geriebener Teig
70 g Parmesan, gerieben
600 g Lammrücken, ohne Knochen
Salz, Pfeffer, Zweig Thymian, Knoblauchzehe
Lammsauce oder Bratensauce mit Kräutern und Knoblauch abgeschmeckt

*

Tartelett-Förmchen buttern und mit Mehl bestäuben.

Geriebenen Teig 3 mm dick ausrollen und Tartelett-Förmchen damit auskleiden.

Blind backen.

Rübstiel in Streifen schneiden.

Schalotten in Streifen schneiden und in Butter anschwitzen.

Mehl zugeben und kurz mitschwitzen.

Mit der Sahne auffüllen und unter Rühren aufkochen.

Rübstiel zugeben und ca. 5 Minuten einkochen lassen.

Masse etwas abkühlen lassen und die Eigelb unterrühren.

Masse in die vorgebackenen Tarteletts füllen und mit Parmesan bestreuen.

Im Backrohr goldgelb backen.

Lammrücken würzen und in der Pfanne mit den Kräutern rosa braten.

Lammrücken in dünne Scheiben schneiden und diese rosettenförmig auf den gebackenen Rübstieltörtchen anrichten.

„Wenn Goethe ihr seinen Namen gibt, können wir ihr wohl eine Tasse Tee geben."

Johanna Schopenhauer und ihre literarische Teegesellschaft in Weimar

Johanna Schopenhauer (1766-1838) erlangte für Weimar Bedeutung durch ihre literarische Teegesellschaft. Bereits in der Zeit, als sie mit ihrem Mann in Hamburg lebte (1793-1805), hatte sie große Gesellschaften in ihrem Anwesen organisiert und demzufolge einflußreiche Beziehungen, beispielsweise zum Dichter Klopstock und zum Maler Tischbein. Nach dem Tod ihres Mannes (1806) zog Johanna Schopenhauer mit ihrer Tochter Adele nach Weimar. Sie bezog eine Wohnung an der Esplanade, und es gelang ihr in kürzester Zeit, einen Zugang in die Weimarer Gesellschaft zu finden.

Schon am 12. Oktober gab es einen ersten Besuch von Goethe, der unangemeldet bei ihr auftauchte. Hierüber schrieb Johanna Schopenhauer ihrem Sohn Arthur: „Den 12. besuchte mich erst Bertuch, der mich sehr beruhigte; man glaubte bestimmt, die Franzosen zögen nach Leipzig, alles könne gut werden, wir wären nicht in Gefahr. Kurz drauf meldete man mir einen Unbekannten; ich trat ins Vorzimmer und sah einen hübschen, ernsthaften Mann in schwarzem Kleide, der sich tief mit vielem Anstande bückte und mir sagte: ‚Erlauben Sie mir, Ihnen den Geheime Rat Goethe vorzustellen.' Ich sah im Zimmer umher, wo der Goethe wäre, denn nach der steifen Beschreibung, die man mir von ihm gemacht hatte, konnte ich in diesem Manne ihn nicht erkennen; meine Freude und meine Bestürzung waren gleich groß, und ich glaube, ich habe mich deshalb besser genommen, als wenn ich mich drauf vorbereitet hätte. Wie ich mich wieder besann, waren meine beiden Hände in den seinigen und wir auf dem Wege nach meinem Wohnzimmer. Er sagte mir, er hätte schon gestern kommen wollen, beruhigte mich über die Zukunft und versprach wieder zu kommen." (19. Oktober 1806)

Einige Tage später gab es einen weiteren Besuch von Goethe bei Johanna Schopenhauer. Diesmal wollte der Dichter ihr seine Frau Christiane Vulpius vorstellen, mit der er am 19. Oktober getraut worden war.

„Goethe hat sich Sonntag mit seiner alten geliebten Vulpius, der Mutter seines Sohnes, trauen lassen, er hat gesagt, in Friedenszeiten könne man die Gesetze wohl vorbeigehen, in Zeiten wie die unsern müsse man sie ehren. Den Tag drauf schickte er Dr. Riemer, den Hofmeister seines Sohnes, zu mir, um zu hören, wie es mir ginge, denselben Abend ließ er sich bei mir melden und stellte mir seine Frau vor; ich empfing sie, als ob ich nicht wüßte, wer sie vorher gewesen wäre, ich denke, wenn Goethe ihr seinen Namen gibt, können wir ihr wohl eine Tasse Tee geben. Ich sah deutlich, wie sehr mein Benehmen ihn freute; es waren noch einige Damen bei mir, die erst formell und steif waren und hernach meinem Beispiel folgten. Goethe blieb fast zwei Stunden, und war so gesprächig und freundlich, wie man ihn seit Jahren nicht gesehen hat. Er hat sie noch zu niemand als zu mir in Person geführt. Als Fremden und Großstädterin traut er mir zu, daß ich die Frau so nehmen werde, als sie genommen werden muß; sie war in der Tat sehr verlegen, aber ich half ihr bald durch. In meiner Lage und bei dem Ansehen und der Liebe, die ich mir hier in kurzer Zeit erworben habe, kann ich ihr das gesellschaftliche Leben sehr erleichtern. Goethe wünscht es und hat Vertrauen zu mir, und ich werde es gewiß verdienen. Morgen will ich meine Gegenvisite machen." (Johanna Schopenhauer an ihren Sohn Arthur, 24. Oktober 1806)

Die recht positive Aufnahme von Frau von Goethe durch Johanna Schopenhauer zeigte sich darin, daß Goethe sie bei der Gründung einer literarischen Teegesellschaft unterstützte und auch zu einem wichtigen Mitglied wurde, das regelmäßig bei den Treffen erschien.

Johanna Schopenhauer wurde zur zentralen Figur der sogenannten Salonkultur der Weimarer Klassik und trat damit in gewisser Weise die Nachfolge von Anna Amalia und ihrem

„Musenhof" an. Wichtig war Johanna Schopenhauer der bürgerliche Charakter des Salons. Demokratische Regeln und Toleranz waren wichtige Bausteine. Im Mittelpunkt standen Fragen der Ästhetik und Kreativität. Dabei nutzte Johanna Schopenhauer die Beziehungen zur Malerin Caroline Bardua, aber auch zu Luise von Göchhausen und natürlich zu Goethe.

„Montag war ich mit Adelen zu Mittag bei Goethe, die Gesellschaft war klein, ich, Bertuchs, Major Knebel mit seiner Frau aus Jena, ein höchst interessanter Mann, der auch als Dichter bekannt ist, und einige Fremde. Ich kann Goethen nicht genug sehen, alles an ihm weicht so vom Gewöhnlichen ab, und doch ist er unendlich liebenswürdig; diesmal habe ich ihn einmal böse gesehen, sein Sohn, eine Art Tapps, der aber im Äußern viel vom Vater hat, zerbrach mit großem Geräusch ein Glas. Goethe erzählte eben etwas und erschrak über den Lärm so, daß er aufschrie, ärgerlich darüber sah er den August nur einmal an, aber so daß ich mich wunderte, daß er nicht untern Tisch fiel, ein ausdrucksvolleres, mobileres Gesicht habe ich nie gesehen; wenn er erzählt, ist er immer die Person, von der er spricht, der Ton seiner Stimme ist Musik; jetzt ist er alt, aber er muß schön wie ein Apoll gewesen sein . . .

Goethe war in einem seltenen Humor; eine Anekdote jagte die andere; es war ganz prächtig. Wir haben einige male so gelacht, daß die Leute auf der Straße still gestanden wären, wenn es dergleichen hier gäbe. . .

Die leichte Art, mit der ich die vorzüglichsten Menschen für mich interessiert habe, ist mir selbst ein Wunder. Ich habe noch keine Visite gemacht; alles ist so ganz von selbst gekommen. Alle Sonntag und Donnerstag von fünf bis gegen neun werden sich meine Freunde bei mir versammeln; was an interessanten Fremden herkommt, wird mitgebracht. Ich habe Goethe den Plan gesagt; er billigt ihn und will ihn unterstützen. Ich gebe Tee, nichts weiter; das übrige Vergnügen muß von der Gesellschaft selbst entstehen . . . Goethe, Meyer, Fernow, Schütze, Madame Ludecus, Conta und die Schwester, Bertuchs, Falks, Ridels, Weylands sind vors erste eingeladen; die übrigen werden sich von selbst finden. Kosten macht das Ganze gar nicht, und unendlich viel Freude. Es fehlt hier an einem Vereinigungspunkte, und sie sind alle froh, ihn bei mir zu finden. (Johanna Schopenhauer an ihren Sohn Arthur, 4. November 1806)

Jeweils donnerstags und sonntags in den Abendstunden fand die literarische *Tee*gesellschaft statt. Gäste waren das Ehepaar Falk, die Wielands, von Knebel und Frau, von Einsiedel, F. Reichardt, die Frommanns aus Jena, Z. Werner, Meyer und Riemer. Goethe bildete sozusagen den Kern. Prominente Weimarbesucher ließen es sich nicht nehmen, an der Teegesellschaft teilzunehmen. So waren Achim von Arnim, Bettina Brentano, Clemens Brentano, Carl von Savigny, Friedrich de la Motte-Fouqué, Wilhelm Grimm, Ludwig Tieck und Humboldt Gäste bei der Schopenhauer. Goethe hatte eine besonders positive Beziehung zu dem Teesalon; das hängt aber auch damit zusammen, daß die Gastgeberin es immer wieder verstand, Goethe eine adäquate Rolle zukommen zu lassen.

Johanna Schopenhauer schrieb am 28. November 1806 über ihre literarische Teegesellschaft an ihren Sohn Arthur:

„Der Zirkel, der sich sonntags und donnerstags um mich versammelt, hat wohl in Deutschland und nirgends seinesgleichen; könnte ich Dich doch nur einmal herzaubern! Goethe fühlt sich wohl bei mir und kommt recht oft. Ich habe einen eigenen Tisch mit Zeichenmaterialien für ihn in eine Ecke gestellt. Diese Idee hat mir sein Freund Meyer angegeben. Wenn er dann Lust hat, so setzt er sich hin und tuscht aus dem Kopfe kleine Landschaften, leicht hingeworfen, nur skizziert, aber lebend und wahr, wie er selbst und alles, was er macht. Welch ein Wesen ist dieser Goethe! wie groß und wie gut! Da ich nie weiß, ob er kommt, so erschrecke ich jedes mal, wenn er ins Zimmer tritt; es ist, als ob er eine höhere Natur als alle übrigen wäre; denn ich sehe deutlich, daß er denselben Eindruck auf alle übrigen macht, die ihn doch weit länger kennen und ihm zum Teil auch weit näher stehen als ich. Er selbst ist immer ein wenig stumm und auf eine Art verlegen, wenn er kommt, bis er die Gesellschaft recht angesehen hat, um zu wissen, wer da ist. Er setzt sich dann immer dicht neben mich, etwas zurück, so daß er sich auf die Lehne von meinem Stuhle stützen kann; ich fange dann zuerst ein Gespräch mit ihm an, dann wird er lebendig und unbeschreiblich liebenswürdig. Er ist das vollkommenste Wesen, das ich kenne, auch im Äußeren; eine hohe, schöne Gestalt, die sich sehr gerade hält, sehr sorgfältig gekleidet, immer schwarz oder ganz dunkel blau, die Haare recht geschmackvoll frisiert und gepudert, wie es seinem Alter ziemt, und ein gar prächtiges Gesicht mit zwei klaren braunen Augen, die mild und durchdringend zugleich sind. Wenn er spricht, verschönert er sich unglaublich; ich kann ihn dann nicht genug ansehen. Er spricht von allem mit, erzählt immer zwischendurch kleine Anekdoten, drückt niemand durch seine Größe. Er ist anspruchslos wie ein Kind; es ist unmöglich, nicht Zutrauen zu ihm zu fassen, wenn er mit einem spricht, und doch imponiert er allen, ohne es zu wollen. Letztens trug ich ihm seine Tasse Tee zu, wie das in Hamburg gebräuchlich ist, daß sie nicht kalt würde, und er küßte mir die Hand; in meinem Leben habe ich mich nicht so beschämt gefühlt; auch alle, die in der Nähe waren, sahen mit einer Art Erstaunen zu. Es ist wahr, er sieht so königlich aus, daß bei ihm die gemeinste Höflichkeit wie Herablassung erscheint, und er selbst scheint das gar nicht zu wissen, sondern geht so hin in seiner stillen Herrlichkeit wie die Sonne. - Dann ist immer Meyer und Fernow da, beide auch gar interessant, jeder anders. ... Dann kommen die Bertuchs, Dr. Schütze, ein sehr mittelmäßiger Dichter, aber sonst sehr gescheit, Dr. Riemer, der bei Goethe im Hause ist, auch ein sehr gebildeter guter Kopf. Das sind die Hauptpersonen, meine gute Ludecus nicht zu vergessen, die unter dem Namen Amalie Berg manchen recht hübschen Roman geschrieben hat, und noch verschiedene Nebenpersonen, die anderswo Hauptpersonen wären. Um halb sechs versammeln sie sich. Wir trinken Tee, plaudern; neue Journale, Zeichnungen, Musikalien werden herbeigeschafft, besehen, belacht, gerühmt, wie es kommt. Alle, die was Neues haben, bringen es mit; die Bardua zeichnet irgend einen als Karikatur, Goethe sitzt an seinem Tischchen, zeichnet und spricht. Die junge Welt musiziert im Nebenzimmer; wer nicht Lust hat, hört nicht hin. So wird's neune, und alles geht auseinander und nimmt sich vor, nächstens wiederzukommen."

Johanna Schopenhauer, weitgereist, selbstbewußt, gebildet, emanzipiert und ausgestattet mit einem großen kommunikativen Bedürfnis, sorgte dafür, daß ihre Teegesellschaft zum bedeutendsten bürgerlichen Salon des literarischen Weimar wurde. Es wurde Literatur rezitiert, über Literatur gesprochen, gezeichnet, Klavier gespielt und gesungen. Scherenschnitte wurden angefertigt. Goethe bewunderte besonders die von Johanna.

Und natürlich, es wurde *Tee* gereicht. Aber dabei blieb es nicht; Riemer erinnerte sich an Zwieback und *Butterbrot.* Aber Johanna Schopenhauer war auch für ihre Koch- und Backrezepte bekannt. Da sie mit ihrem Mann weit gereist war, kannte sie sich auch in der europäischen Küche gut aus. Und schließlich wird sie auch die Rezepte des Mundkoches der Fürstin Anna Amalia, „Francois le Goullon" und sein Kochbuch „Der elegante Teetisch" gekannt haben. Wurde hier doch nicht nur die *Zubereitung des Tees* detailliert erläutert, sondern auch so manches *Backwerk* angeführt, das zu einem Teetisch gehört.

Beispielsweise Bischofskuchen und Malteser-Kuchen, Hannöversche Küchelchen und Berliner Zuckerbogen, Ulmer Brot und Mandelspäne, Königskuchen und Carlsbader Biskuit.

Neben den geistigen Genüssen spielten bei Johanna Schopenhauer auch die leiblichen Genüsse, die in den Rahmen einer Teegesellschaft paßten, eine wichtige Rolle. Die obligatorische Tasse Tee hat schon fast eine literaturgeschichtliche Bedeutung.

Auch über die Teegesellschaft hinaus hatte Johanna Schopenhauer großen Anteil am gesellschaftlichen Leben in Weimar.

K. v. Holtei berichtet 1808 über eine Anekdote, bei der Johanna Schopenhauer im Mittelpunkt steht.

„Goethe ließ ein Wernersches Stück, ich dächte, ‚Wanda' wär es gewesen, aufführen. Am Tage der Darstellung waren der Dichter und einige nähere Freunde, unter diesen die Schopenhauer, bei Goethe zum Essen. Auf die Frage, wo man sich nach dem Theater versammeln würde, suchte der Vorsichtige, der allzu großen Andrang fürchtete, die Last von sich ab und sie, wie er es oft in ähnlichen Fällen tat, der armen Schopenhauer zuzuwenden, die, gastfrei und gefällig, dergleichen Schicksale über sich ergehen lassen mußte.

Als nun nach höchst zweifelhaftem, aber doch scheinbarem Erfolge die Gäste eintrafen, nahmen die Frauen an der improvisierten Tafel Platz, die Herren standen mit ihren Tellern umher. Für Goethe und Werner waren zwei Stühle in der Mitte bestimmt; zwischen ihnen auf dem Tische stand ein wilder Schweinskopf, von welchem die Wirtin schon des Tages zuvor gegessen; in ihrer Angst hatte die Haushälterin durch einen großen Kranz von Lorbeerblättern die Anschnittswunde zu verdecken gesucht. Goethe erhub, diesen Schmuck erblickend, mächtig seine Stimme und rief dem, bekanntlich sehr zynischen und nicht immer sauber gewaschenen Werner zu: Zwei gekrönte Häupter an einer Tafel? das geht nicht! Und er nahm dem wilden Schweinskopf seinen Kranz und setzte ihn dem Dichter der ‚Wanda' auf den Kopf." (30. Januar 1808)

Die Bereitung des TeeS

Teekanne:

Vor und nach Gebrauch mit heißem Wasser ausspülen.

Niemals Spülmittel verwenden.

Es bildet sich nach mehrmaligem Gebrauch eine Patina, die nicht entfernt werden soll.

Teewasser:

Weiches Wasser eignet sich am besten zur Teebereitung.

Hartes Wasser kann verbessert werden, indem man es 2 bis 3 mal aufkochen läßt.

Mineralwasser ist weniger geeignet, da sich die enthaltenen Salze schlecht auf den Geschmack auswirken.

Das Teewasser muß sprudelnd kochend auf die Teeblätter gegossen werden.

Teewirkung:

Tee, der kurz gezogen hat, regt das zentrale Nervensystem an.

Tee, der lange gezogen hat, beruhigt Magen und Darm (höherer Gerbstoffanteil).

Tee sollte nie länger als 5 Minuten ziehen.

Nach 3 bis 4 Minuten ist das beste Verhältnis zwischen Tein und Gerbstoffen erreicht.

Tee entwässert, fördert Leistungs- und Denkfähigkeit und wirkt streßmindernd.

Teesorten und Mischungen:

Assam → vollmundig malziger Geschmack mit dunkler Farbe. Größtes zusammenhängendes Teeanbaugebiet in Nordindien.

Ceylon → frischer herber Geschmack mit goldener Farbe. Sri Lanka in Zusammenhang mit Tee Ceylon genannt.

Darjeeling → first flush mit frischem blumigem Geschmack und heller goldgelber Farbe.

second flush mit kräftig süßlichem Geschmack und goldgelber Farbe.

Nordindisches Anbaugebiet über 2000 Meter am Südhang des Himalaya.

Earl Grey → mit Bergamotteöl parfümierter Tee.

Grüner Tee → nicht fermentierter Tee mit weniger Tein und mehr Gerbstoffen, herb im Geschmack und hellgelber Farbe.

Oolong → halbfermentierter Tee aus Formosa mit Pfirsicharoma.

Ostfriesenmischung → aus Assam- und Sumatratees mit kräftig würzigem Geschmack.

Butterbrote mit verschiedenen Buttermischungen

150 g Butter
4 Eßlöffel Schnittlauch, fein geschnitten
Salz, Pfeffer Zitronenzeste und -saft

150 g Butter
4 Eßlöffel Brunnenkresse
Salz, Pfeffer, Zitronensaft

150 g Butter
50 g Caviar
Pfeffer, Zitronensaft

150 g Butter
50 g Sardellenfilet, gehackt
Pfeffer

*

Zimmerwarme Butter schaumig schlagen.

Jeweilige Zutaten untermischen und abschmecken.

Buttermischung wenn möglich nicht kühlen und frisch zubereiten.

SAVARIN ODER BABA

100 g Mehl
15 g Hefe
125 g Milch
125 g Butter
50 g Salz
Vanille, Zitronenzeste
3 St Eigelb
125 g Milch
300 g Mehl

*

100 g Mehl mit 125 g Milch verrühren, Hefe darin auflösen.

Den Teig an einem warmen Ort ca. 20 Minuten gehen lassen.

Butter schaumig rühren.

Zucker zugeben und weiter schaumig rühren.

Eigelb zugeben und weiter schaumig rühren.

Gewürze unterrühren.

Den Vorteig, restliche Milch und Mehl unterrühren.

In gebutterte und mehlierte Formen einfüllen ($^2/_3$ voll).

An einem warmen Ort ca. 20 Minuten gehen lassen.

Bei 180 Grad ca. 20 bis 25 Minuten backen.

Aus der Form stürzen und auf ein Gitter legen.

Gebäck mit Läuterzucker und Rum tränken und aprikotieren.

Mit frischen Früchten und geschlagener Sahne garnieren.

Sandkuchen

300 g Butter
6 St Eier
300 g Zucker
300 g Weizenpuder
Salz, Zitronenzeste, Vanille

*

Zucker mit Eiern (nicht aus dem Kühlschrank) aufschlagen.

Butter sehr schaumig rühren und Weizenpuder zugeben.

Die Eimasse langsam mit der Küchenmaschine unter die Buttermasse rühren.

Gewürze zugeben.

Konische Form (26 cm Durchmesser) mit Backpapier auslegen und die Masse einfüllen.

Heiß anbacken und sternförmig einschneiden.

Bei 160 Grad fertigbacken.

„Es standen mit Kunst rangiert allerlei Speisen, Krebse, Zungen etc., und dazu wurde feinster Wein präsentiert.“

Zu Gast im Goethehaus am Frauenplan

Im Jahre 1782 bezog Johann Wolfgang von Goethe mit Christiane Vulpius das Haus am Weimarer Frauenplan.

„Betrat man den Flur in Goethes Haus, so gelangte man linker Hand in einen großen Raum, der bis zum Jahre 1810 grün gehalten war. Waren Gäste da, wurden in ihm die Mahlzeiten eingenommen. Nach 1810 wurde von Goethe selbst als Grundton ein Gelb gewählt. Er hieß von da an der ‚Gelbe Saal'. Die beiden Farben hatten nach Goethes Farbenlehre eine spezielle Wirkung: dem Grün schrieb Goethe das Gefühl ‚realer Befriedigung' zu, vom Gelb sagte er, ‚es habe eine Heiterkeit und Behagen erzeugende Wirkung'. Anschließend an den Saal kam man in das kleine Eßzimmer. Hier fand sich die Familie Goethe mittags zusammen. Dieser Raum war besonders behaglich gestaltet.“ (C. Stadtlaender, „Die kleine Welt“ am Frauenplan, S. 17, 18).

Im Laufe der Jahre entwickelte sich Goethes Wohnsitz nicht nur in literarisch-geistiger, sondern auch in gesellschaftlicher Hinsicht zu einem wichtigen Mittel- und Angelpunkt der Weimarer Klassik.

Und daß hier nicht nur diskutiert und besprochen, musiziert und rezitiert, produziert und geschrieben wurde, versteht sich von allein. Auch für die Speisen und Getränke wurde Goethes Haus am Frauenplan zu einem Begriff.

In kulinarischer Hinsicht ist hier besonders Goethes Frau Christiane zu nennen, die die „gute Seele“ des Hauses war und durch ihre hauswirtschaftliche Arbeit dazu beitrug, daß sich Goethe hier wohlfühlen konnte.

„Und immer wieder erfüllte sie die kulinarischen Wünsche ihres Geliebten, auch die extravagantesten.“ (A. Seele, Frauen um Goethe, S. 83)

Christiane ging es sicherlich darum, ihren Mann kulinarisch zu verwöhnen und eine angenehme Atmosphäre zu schaffen.

„‚Behaglichkeit', ‚Gemütlichkeit', dies sind überhaupt die Worte, die Goethes privates Glück jener Jahre und auch den Ton des Briefwechsels mit seiner Frau kennzeichnen, wobei die Sorge um kulinarisches Wohlergehen hierbei eine nicht unbeträchtliche Rolle spielte." (A. Seele, Frauen um Goethe, S. 80)

Aber nicht nur auf Goethe selbst und ihren Sohn bezog sich ihre hausfrauliche Arbeit, auch den zahlreichen Gästen im Goethehaus wurde ein angenehmer Aufenthalt geboten.

Dieses belegen zahlreiche Äußerungen von Zeitgenossen, die bei Goethe zu Besuch waren. Hierbei erfahren wir nicht nur etwas über die Atmosphäre im Haus am Frauenplan, gelegentlich wird auch ganz konkret mitgeteilt, welche Speisen und Getränke auf den Tisch kamen. Die vielen Gäste, die zu Goethe kamen, waren nicht nur von dem Haus und der Atmosphäre angetan, auch die Gastlichkeit, die sich in einem wohlbestellten Tisch, in der Großzügigkeit bei den ausgewählten Speisen und hervorragenden Weinen zeigte, wird immer wieder angeführt. Es wird über Goethes Fähigkeit, mit dem Tranchiermesser umzugehen, berichtet, über seine Kenntnisse, Artischocken fachgerecht zu essen und über seinen neuesten Salat, den er soeben erfunden hat.

Es darf nicht verwundern, daß Goethes Wohnhaus bereits zu seinen Lebzeiten eine Art Pilgerstätte wurde für geistige Größen und solche, die sich dafür hielten. Einmal Goethe sehen und mit ihm zu Mittag essen, schien eine der Maximen zu sein, die viele Zeitgenossen anstrebten.

J. F. Abegg war am 2. und 3. Mai 1798 Gast im Goethehaus. Hierüber schreibt er in seinem Reisetagebuch: „Ich fuhr mit unendlicher Freude hierher nach Weimar, weil ich nun hoffen konnte, den Mann des Himmels und der Erde persönlich kennen zu lernen. Ich wurde gleich vorgelassen, und nach einem sehr wohlwollenden Empfang führte er mich in einen Zirkel, der täglich des Morgens bei ihm sich versammelte. Er fragte mich, ob ich Fichte schon lange kenne, lobte den Fichte, doch, deuchte mir, wie der Vornehmere lobt. Erkundigte sich nach der Absicht meiner Reise, wünschte mir Glück, daß ich durch meinen Bruder eine so interessante Reise machen könnte. Dann fragte er mich, welche Männer ich in Jena kennen gelernt habe. Ich nannte sie ihm. ‚Den Justiz-Rat Hufeland und D. Paulus', sagte er, ‚will ich Sie nachher kennen lehren.' Bald darauf präsentierte er mich dem Justiz-Rat Hufeland, einem Manne, der auf den ersten Blick die feinste Kultur, Gewandtheit und Welt verrät...

Nun kam auch Paulus, auch mit diesem machte mich Goethe alsogleich bekannt. Ein schwächlicher Mann mit einem schönen großen braunen Auge ... Er machte mich aufmerksam auf alles, was in Goethes Haus um mich her war. Das Lokale von unten herauf bis in den größeren Assembleensaal ist äußerst geschmackvoll. In dem Zimmer linker Hand sind prachtvolle Gemälde, unter anderem eins, das eine römische Hochzeit vorstellt und zu Rom gefunden worden ist. Auf der vorderen Seite ist ein kleineres Zimmer, wo ein Fortepiano stand, und aus diesem kommt man in einen niedlichen Garten, und aus dessen Türe tritt man in den Park.

Goethe ist einer der schönsten Männer, die ich je gesehen habe. Fast einen halben Kopf größer als ich, sehr gut gewachsen, angenehm dick, und sein Auge ist in der Wirklichkeit nicht so grell als in dem Kupferstich. Ruhe, Selbständigkeit und eine gewisse vornehme Behaglichkeit wird durch sein ganzes Betrag ausgedrückt. Mit keinem von der Gesellschaft unterhielt er sich besonders lange. Er ging aus einem Zimmer ins andere, und machte bald diesem, bald jenem ein freundlich Gesicht. Gegen 11 Uhr kam Iffland auch, der erstaunlich viel dicker geworden ist. Diesen nahm er bei der Hand und führte ihn einige Male auf und ab. Um Iffland stellte sich Justizrat Hufeland und noch ein Unbekannter, der ziemlich genienmäßig aussah und sehr laut tat. Ich stellte mich auch dazu. Iffland sprach sehr interessant von sich und seinem Spiel (...)

Auch kamen Hofrätin Schiller; Schiller habe, sagte sie, den Katarrh, und könne nicht ausgehen. Sie scheint eine sehr artige, gebildete Frau zu sein. Goethe sprach sehr vertraut mit ihr. ‚Ihr führt mir aber eine wunderliche Haushaltung', sagte er, und noch mehr in diesem Tone, das ich nicht verstehen konnte. - Jedem Ankommenden wurde Schokolade angeboten, und gegen $11^1/_2$ Uhr wurde die ganze Gesellschaft in ein prachtvoll verziertes Zimmer geführt, um hier etwas zu genießen. Es standen mit Kunst rangiert allerlei Speisen, Krebse, Zunge etc., und dazu wurde feinster Wein präsentiert. Mich zogen die Gemälde mehr als alles an. Einige, besonders von Angelika Kauffmann, unter anderem die Szene aus der Iphigenie, wo Orest in hellem Wahnsinn die kommende Schwester und Frau begrüßt. ‚Seid Ihr auch schon herabgekommen?'

Nun sammelte man sich wieder in den übrigen Zimmern, und einer um den anderen ging stille fort. Ich ging nun zu Goethe, dankte ihm mit kurzen Worten, denn was sollte ich sagen, und was konnte ich sagen, und er entließ mich mit vielem Wohlwollen. D. Paulus sagte mir, daß er mich im Schauspiel vielleicht noch sprechen würde, und so ging ich nach Haus, nachdem ich von $10^1/_2$ bis $12^3/_4$ Uhr einige der fröhlichsten und für mich ewig denkwürdigen Stunden zugebracht hatte, und pries mein Geschick und Fichte, die es mir verschafft hatten. - Noch muß ich bemerken, daß auch in einem Zimmer, wo das Fortepiano stand, gesungen und gespielt wurde. Seinen Knaben, der etwa 10 Jahre alt sein mag, sah ich auch. Er gleicht ihm in äußerer Bildung in der Tat sehr viel. Mit der Schwester des Schauspieldichters Vulpius hat er ihn erzeugt, die auch noch um ihn ist."

Im Jahr 1798 weilte August Wilhelm Iffland (1759-1814), Schauspieler und Theaterdirektor, zu einem Gastspiel in Weimar. Dieses war für Goethe Anlaß genug, zu einem Empfang in sein Haus zu laden.

„Bei einem Bankett zu Ehren Ifflands, der im April 1798 ein Gastspiel am Weimarer Hoftheater gab, hatten Goethe und Christiane zu einem ‚Gabelfrühstück' für 30 Personen folgende Lebensmittel gekauft bzw. bestellt: 1 schwarzes Brötchen, 3 weiße Brötchen, 6 Milchbrötchen, 12 Semmeln, 8 Pfund *Schinken, 2 Rindszungen*, 1 Zervelatwurst zu $1^3/_4$ Pfund, $^1/_2$ Pfund Schweizer*käse*, 2 Pfund Schokolade, 4 Pfund Kaffeezucker, 2 Pfund gebrannter Kaffee, 5 Teller (2 Pfund, 8 Loth) *verschiedenes Backwerk*, 5 Nösel süßer Wein." (J. Klauss, Alltag im ‚klassischen' Weimar, S. 31)

Wilhelm Grimm hielt sich am Ende des Jahres 1809 in Weimar auf. Er besuchte natürlich Goethe und wurde auch zum Mittagessen eingeladen. Hierüber schrieb er an seinen Bruder Jakob: „Ich zog mich gleich an und ließ mich nach Goethes Haus führen, das sehr nett und schön dasteht. Er war aber krank, vorher bedeutend gewesen und jetzt in der Besserung, daß er mich nicht annehmen konnte. Also gab ich Arnims Brief ab. Ich ging dann zu der Dame Schopenhauer, die hier die Honneurs macht, und überreichte meinen Brief; wohin bald Goethes Bedienter kam und mir sagte, Herr Dr. Riemer, Goethes Sekretär, werde mich in die Komödie abholen. Das geschah dann, und wir gingen in Goethes Loge, die unter der fürstlichen ist ... Goethes Bedienter bat mich, den andern Tag erst auf die Bibliothek zu gehn und dann um 12 Uhr zu dem Herrn Geheimen Rat zu kommen. Auf der Bibliothek wurd ich artig genug empfangen, und um 12 Uhr ging ich dann hin. Der Hausehren in Goethes Hause ist mit freistehenden Statuen und andern in Nischen schön verziert. Über eine breite Treppe, die vornehm und bequem aussieht, wurd ich erst vor ein Zimmer geführt, wo am Eingang zu den Füßen SALVE mit schwarzen Buchstaben und an der Seite ein Kandelaber steht und das voll Bilder hing; dann in ein Kabinett, das ebenfalls mit Handzeichnungen, altdeutschen Holzschnitten ausgeziert war, und alles eigen eingerichtet, zum Beispiel die Türen mit matter brauner Farbe angestrichen und die Griffe aus goldnen Löwenköpfen bestehend, sehr geordnet und reinlich. Hier mußt ich einige Zeit warten, darauf trat er selbst hinein, ganz schwarz angezogen, mit den beiden Orden und ein wenig gepudert. Ich hatte nun sein Bild oft gesehen und wußte es auswendig, und dennoch, wie wurde ich überrascht über die Hoheit, Vollendung, Einfachheit und Güte dieses Angesichts. Er hieß mich sehr freundlich sitzen und fing freundlich an zu reden . . . Ich blieb fast eine Stunde da; er sprach so freundlich und gut, daß ich dann immer nicht daran dachte, welch ein großer Mann es sei. Als ich aber weg war oder wenn er still war, da fiel es immer ein, und wie gütig er sein müsse und wenig stolz, daß er mit einem so geringen Menschen, dem er doch eigentlich nichts zu sagen habe, reden möge. Tags darauf wurde ich zum Mittagessen bei ihm eingeladen. Seine Frau, die sehr gemein aussieht, ein recht hübsches Mädchen und Riemer waren da. Es war ungemein splendid, Gänseleberpasteten, Hasen und dergleichen Gerichte. Er war noch freundlicher, sprach recht viel und invitierte mich immer zum Trinken, indem er an die Bouteille zeigte und leis brummte, was er überhaupt viel tut. Es war sehr guter roter Wein, und er trank fleißig; besser noch die Frau (...) Der Tisch dauerte von 1 bis halb 4 Uhr, wo er aufstand und ein Kompliment machte, worauf ich mit Riemer wegging ..."

Einen ganz exakten Einblick in die Speisen und Getränke und deren Reihenfolge im Goethehaus gewährt Friedrich Förster, der am 24. Juli 1821 mit Goethe zu Mittag aß.

„Am liebenswürdigsten und heiter-geselligsten war Goethe am Mittagstische, wo jedoch die Eingeladenen nie die Zahl der Musen überschritten. Vor ihm stand eine Flasche alten Rheinweins, welche er ganz allein zu leeren pflegte; wir andern hatten uns aus den vor uns aufgestellten Flaschen nach Belieben zu versorgen. Auf den Küchenzettel, den er für gewöhnlich selbst angab, hatte die Anwesenheit von Gästen besonderen Einfluß. Es gab außer der Suppe gewöhnlich drei, höchstens vier Schüsseln: Fleisch mit Gemüse (er liebte ein nach italienischer Art zubereitetes *stuffato)*, dann gab es *Fisch*, Braten (zumeist Geflügel oder *Wild)* und, wie er erklärte, wegen der Damen eine Süßspeise. Er selbst zog ein Stück englischen oder Schweizer Käse vor. Das Zerlegen des Bratens, selbst wenn es ein schwieriger Wildziemer war, besorgte er eigenhändig, legte auch wohl einer begünstigten Tischgenossin ein ausgesuchtes Stück oder die zierlichste der Forellen vor."

Johann Peter Eckermann, der 1823 Goethes Mitarbeiter wurde, schreibt über das erste Mittagessen, das er mit Goethe einnahm:

„Diesen Mittag war ich das erste Mal bei Goethe zu Tische. Es waren außer ihm nur Frau von Goethe, Fräulein Ulrike und der kleine Walter gegenwärtig, und wir waren also bequem unter uns. Goethe zeigte sich ganz als Familienvater, er legte alle Gerichte vor, tranchierte gebratenes Geflügel und zwar mit besonderem Geschick, und verfehlte auch nicht mitunter einzuschenken. Wir andern schwatzten munteres Zeug über Theater, junge Engländer und andere Vorkommnisse des Tages; besonders war Fräulein Ulrike sehr heiter und in hohen Grade unterhaltend. Goethe war im ganzen still, indem er nur von Zeit zu Zeit als Zwischenbemerkung mit etwas Bedeutendem hervorkam. Dabei blickte er hin und wieder in die Zeitungen und teilte uns einige Stellen mit, besonders über die Fortschritte der Griechen.

Es kam dann zur Sprache, daß ich noch Englisch lernen müsse, wozu Goethe dringend riet, besonders des Lord Byron wegen, dessen Persönlichkeit von solcher Eminenz, wie sie nicht dagewesen und wohl schwerlich wiederkommen werde. Man ging die hiesigen Lehrer durch, fand aber keinen von einer durchaus guten Aussprache, weshalb man es für besser hielt, sich an junge Engländer zu halten.

Nach Tisch zeigte Goethe mir einige Experimente in Bezug auf die Farbenlehre. Der Gegenstand war mir jedoch durchaus fremd, ich verstand sowenig das Phänomen als das, was er darüber sagte; doch hoffte ich, daß die Zukunft mir Muße und Gelegenheit geben würde, in dieser Wissenschaft einigermaßen einheimisch zu werden." (19. Oktober 1823)

Dabei sollen Eckermann und Goethe nicht nur erfolgreich zusammengearbeitet haben, sondern beide waren auch guten Speisen und ausgewählten Getränken recht zugetan.

„Daß sich Goethe z. B. im Umgang mit intimen Freunden als Gourmet, als genießerischer Feinschmecker erweisen konnte, ist überliefert. So aßen der greise Dichter und sein Famulus Eckermann durchaus auch einmal ‚delikate Froschkeulchen und sonstige gute Bissen' und tranken dazu Champagner (Goethe) bzw. den geliebten Würzburger Wein (Eckermann). Im allgemeinen gab es aber im Goetheschen Haus derartige ausgefallene Speisen nicht; (...)" (J. Klauss, Alltag im ‚Klassischen Weimar', S. 30, 31)

Während Goethe, wenn er allein war, durchaus auch recht spartanisch leben konnte, was sein Essen und Trinken anbetraf, auch im engsten Familienkreis wurde gegessen, wie es im gehobenen Bürgertum der Zeit üblich war, so änderte sich die Speisekarte doch, wenn Gäste zum Essen kamen. Karl E. von Holtei beispielsweise war von dem *Püree vom Wild mit Spiegeleiern* begeistert.

„Unter den Gerichten befand sich eine Schüssel, an der ich mich vorzüglich beteiligte: Püree von Wild mit Spiegeleiern. Ich war schon so heimisch geworden, daß ich, bei unausgesetztem Respekt vor dem Herrn des Hauses, von ihm freundlich ermuntert, tüchtig zulangte. Das war im kleinen Kreis. Wie ich dann ein Jahr später an einem größeren Diner teilhatte, fügte sichs, daß besagte suckulente Speise sich wieder einstellte. Ich sprach ihr wieder lebhaft zu, doch am andern Tischende wurden bereits die Teller gewechselt. Da richtete Goethe, von dem ich weit entfernt saß, seine Götteraugen auf meinen Teller, gab dem Diener einen Wink, und Zapfe reichte mir noch einmal die Schüssel, zärtlich flüsternd: Der Herr Geheimrat schickt mich." (5. Mai 1827)

Auch Wilhelm Zahn lobte das Essen und den guten Wein, nachdem er 1827 bei Goethe zu Tisch war. „Als ich mich zur bestimmten Stunde einstellte, fand ich Goethe und seine Gäste schon anwesend. Alle waren im Frack. – Die Speisen waren außerordentlich wohlschmeckend, und der Wein mindestens ebenso gut. Ich wollte mir einen klaren Kopf erhalten, weshalb ich Wasser unter meinen Wein goß. Goethe bemerkte es und äußerte tadelnd: Wo haben Sie denn diese üble Sitte gelernt? Er hatte eine ganze Flasche geleert und schenkte sich noch aus einer zweiten ein Glas ein, während man uns schon den Kaffee reichte(...)" (7. September 1827)

Auch in dem Tagebuch von Wilhelmina Bardua wird die Begeisterung für Goethe und die Atmosphäre am Tisch deutlich.

„Je näher wir vorgestern morgen Weimar kamen, desto zaghafter schlug mir das Herz. Caroline schrieb gleich ein Billett an Goethe, worauf wir für 2 Uhr zu ihm beschieden wurden; er ließ nicht sagen, ob zum Essen. Als wir aber ins Haus traten, kam uns die alte Köchin entgegen und erzählte, indem sie uns an die Treppe geleitete, sehr gesprächig: der Herr Geheimrat freue sich auf unseren Besuch; er habe sie schon gefragt, was sie heute zu essen habe, er erwarte ein paar Damen, sie solle sich darauf einrichten. Es treffe sich gut, sagte sie, daß sie gerade Krammetsvögel im Hause habe.

Das häusliche Gespräch der behaglichen Alten nahm uns sogleich das Gewicht vom Herzen, und mutiger eilten wir die Treppe hinauf, über das vielbetretene Salve hinweg, das uns auf der Schwelle des Eingangs begrüßte. Still und dämmrig war es in dem Zimmer. Wohl sah ich Bilder, Kupferstiche, Skulpturen, aber das Halbdunkel des Novembers und die Spannung des Augenblicks ließen mich die Gegenstände nicht näher ins Auge fassen - ich sah nur nach der Türe, die sich öffnen sollte. Da hörte ich nahende Schritte - Goethe trat ein.

Er trug einen langen, olivefarbenen Überrock. Die Haltung seines Kopfes war steif, der Ausdruck des Gesichts ernst, doch mild. Auffallend waren mir die kleinen Schritte, die er machte. Alles an seiner Erscheinung war ganz so, wie ich sie mir vorgestellt hatte: das Majestätische, die Ruhe, die vornehme Sicherheit, das Sanfte der Stimme. Er empfing uns sehr freundlich. Das Gespräch, alter Zeiten gedenkend, ging munter vorwärts, und alle Befangenheit war verschwunden.

‚Ich werde Ihnen etwas Neues zeigen, das ich soeben erhalten', sagte er nach einer Weile und führte uns in seine Bibliothek, wo ein Porträt Zelters, Brustbild in natürlicher Größe von Begas, auf der Staffelei stand. Goethe freute sich sehr des wohlgelungenen Bildes und wollte, wir möchten es in aller Ruhe betrachten, während er ging, die Schachteln zu öffnen, die wir ihm von Heidelberg mitgebracht hatten. Die eine kam von Herrn v. Leonhard und enthielt mineralogische Proben, die andere von Frau Caroline Paulus, einer früheren Bekanntschaft Goethes aus Paulus' Jenaer Zeit, und enthielt Spielzeug für Goethes Enkel. Die beiden Jungen kamen auch alsbald herangesprungen, wurden indessen vom Großvater sofort zur Geduld verwiesen bis nach Tisch, indem er die Schachtel ruhig wieder zumachte.

Als es zu Tisch ging, wies Goethe uns sehr verbindlich unsere Plätze an. Er saß obenan, mit dem Rücken nach dem Fenster, wir mußten uns ihm zu beiden Seiten setzen. Wolf, der ältere Enkel, kam mit seiner Serviette zum Großvater; Goethe band sie ihm um, wurde aber von dem Jungen zurechtgewiesen, weil er ihm statt des rechten Armes den linken freigelassen, und mußte es noch einmal anders machen, wobei er überaus großväterlich sanft und geduldig verfuhr. Zugegen waren noch Goethes Sohn, Fräulein v. Pogwisch und der junge Nicolovius aus Berlin - Frau v. Goethe, die Schwiegertochter, liegt in den Wochen mit einem Töchterchen.

Goethe hatte durch Meyer manches Gute über Carolines Heidelberger Bilder gehört und ließ sich viel aus ihrem Künstlerleben erzählen. Er war gesprächig und aufmerksam auf alles eingehend, schenkte Wein ein und machte in heiterer Behaglichkeit die Honneurs seines Tisches. Gab es gleichwohl einige steinerne Augenblicke, die ich weggewünscht hätte, so waren sie doch so vorübergehend, daß sie der glücklichen Stimmung keinen Eintrag taten. Goethe erkundigte sich nach dem Ergehen der ‚kleinen Paulus' und hörte mit Interesse, was ich ihm von Thibauts Singverein zu erzählen wußte, lachte auch herzlich über einige kleine Späße, die gelegentlich vorgebracht wurden. So saßen wir lange bei Tisch - ein glücklicher Mittag, der mir doch von all den schönen Stunden dieser Reise recht als die Krone erscheint. Mit dem Malen ist es freilich nichts geworden - es kam gar nicht die Rede darauf. Goethe klagte über seine wenigen freien Stunden, und unbescheiden sein mochte Caroline nicht.

Erst in später Dämmerung empfahlen wir uns. Während uns Goethe beide Hände reichte, wandte er sich an seinen Sohn - was man denn heute den Damen zu Ehren im Theater gebe? Wir trafen es nicht ganz nach seinem Wunsch: die Jagemann als Lady Macbeth. Aber die aus Goethes Hause mitgebrachte frohe Stimmung goß einen hellen Schimmer über den ganzen Abend, zumal wir gute Gesellschaft in unserer Loge hatten: Johanna Schopenhauer und Madame Falk saßen neben uns. Als wir dann noch gegen Ende der Vorstellung in die nahe Großherzogliche Loge die schlichte Gestalt Carl Augusts eintreten sahen, waren alle meine Wünsche für Weimar erfüllt." (4. November 1827)

Die Gastlichkeit, die zahlreiche berühmte und weniger bekannte Gäste im Haus am Frauenplan bei Goethe und seiner Frau Christiane erfahren haben, spiegelt sich in den zahlreichen schriftlichen Zeugnissen seiner Gäste wider. Aber auch er selbst betont seine Rolle als Gastgeber in dem folgenden von ihm verfaßten Gedicht.

Offene Tafel

Viele Gäste wünsch ich heut
Mir zu meinem Tische!
Speisen sind genug bereit,
Vögel, Wild und Fische.
Eingeladen sind sie ja,
Haben's angenommen.
Hänschen, geh und sieh dich um!
Sieh mir, ob sie kommen!

Schöne Kinder hoff ich nun,
Die von gar nichts wissen,
Nicht, daß es was Hübsches sei,
Einen Freund zu küssen.
Eingeladen sind sie all,
Haben's angenommen.
Hänschen, geh und sieh dich um!
Sieh mir, ob sie kommen!

Frauen denk ich auch zu sehn,
Die den Ehegatten,
Ward er immer brummiger,
Immer lieber hatten.
Eingeladen wurden sie,
Haben's angenommen.
Hänschen, geh und sieh dich um!
Sieh mir, ob sie kommen!

Junge Herren berief ich auch,
Nicht im mindsten eitel,
Die sogar bescheiden sind
Mit gefülltem Beutel;
Diese bat ich sonderlich,
Haben's angenommen.
Hänschen, geh und sieh dich um!
Sieh mir, ob sie kommen!

Männer lud ich mit Respekt,
Die auf ihre Frauen
Ganz allein, nicht nebenaus
Auf die schönste schauen.
Sie erwiderten den Gruß,
Haben's angenommen.
Hänschen, geh und sieh dich um!
Sieh mir, ob sie kommen!

Dichter lud ich auch herbei,
Unsre Lust zu mehren,
Die weit lieber ein fremdes Lied
Als ihr eignes hören.
Alle diese stimmten ein,
Haben's angenommen.
Hänschen, geh und sieh dich um!
Sieh mir, ob sie kommen!

Doch ich sehe niemand gehn,
Sehe niemand rennen!
Suppe kocht und siedet ein,
Braten will verbrennen.
Ach, wir haben's, fürcht ich nun,
Zu genau genommen!
Hänschen, sag, was meinst du wohl?
Es wird niemand kommen.

Hänschen, lauf und säume nicht,
Ruf mir neue Gäste!
Jeder komme, wie er ist,
Das ist wohl das beste!
Schon ist's in der Stadt bekannt,
Wohl ist's aufgenommen.
Hänschen, mach die Türen auf:
Sieh nur, wie sie kommen!

Kürbiskuchen

5 St Eigelb
200 g Zucker
60 g Semmelbrösel
Zeste einer halben Zitrone
120 g Haselnüsse, gemahlen
100 g Mandeln, gestiftelt
250 g Kürbis, geraspelt
20 g Stärke
1/2 Päckchen Backpulver
5 St Eiklar
3 Eßlöffel Kirschwasser

*

Semmelbrösel und Nüsse mit Kirschwasser einweichen.

Eigelb mit 100 g Zucker schaumig schlagen.

Eiklar mit restlichem Zucker zu Schnee schlagen.

Eingeweichte Brösel und Nüsse unter die Eigelbmasse heben.

Einen Teil des Eischnees unterheben.

Geraspelten Kürbis, Stärke und Backpulver unterheben.

Restlichen Eischnee unterheben.

In gebutterte, bemehlte Kuchenform füllen und ca. 50 Minuten backen bei 180 Grad.

Guß:
Aus 100 g Puderzucker und 4 Eßlöffeln Zitronensaft einen Guß anrühren.

Schinken-Käsetörtchen

300 g geriebener Teig
200 g gekochter Schinken
150 g Hartkäse, gerieben
4 St Eier
0,25 l Sahne
Salz, Pfeffer, gehackte Petersilie

*

Konische Kuchenform mit dem geriebenen Teig auslegen.

Eier mit der Sahne verrühren.

Restliche Zutaten zugeben und verrühren.

Vorsichtig würzen (Schinken und Käse enthalten Salz) und in die Form füllen.

Bei 180 Grad ca. 25 Minuten backen.

StuffatO

1 St Kalbshaxe
400 g Röstgemüse (Karotte, Sellerie, Zwiebeln)
Salz, Pfeffer, Knoblauch
0,2 l Weißwein
30 g Mehl zum Bestäuben
Fleischbrühe

*

Kalbshaxe auslösen und in Würfel schneiden.

Öl und Butter in einem Bratentopf mit Knoblauchzehen erhitzen.

Knoblauch herausnehmen.

Fleisch würzen, mit Mehl bestäuben und im heißen Topf anbraten.

Röstgemüse zugeben und mitbraten.

Wenn alles schön braun ist, mit dem Wein ablöschen und einkochen lassen.

Mit etwas Fleischbrühe angießen und zugedeckt bei schwacher Hitze garen.

Wenn das Fleisch weich ist, ausstechen und die Sauce passieren.

Fleisch in die Sauce zurückgeben und abschmecken.

Evtl. mit etwas Stärke nachbinden.

Kalbszunge, gebacken

1 St Kalbszunge
Suppengemüse, Salz, Pfefferkörner, Lorbeer, Wacholder, Nelken

4 St Eier
Mehl
geriebenes Weißbrot
geriebener Meerrettich

*

Kalbszunge gründlich waschen.

Gemüse und Gewürze in Wasser aufkochen und Zunge hineingeben.

Die Zunge ca. $1^1/_2$ Stunden garköcheln lassen (sie ist gar, wenn die Spitze weich ist).

Zunge in Eiswasser abschrecken und die Haut abziehen.

Abgekühlte Zunge in etwa 4 mm dicke Scheiben schneiden.

Die Scheiben nach Geschmack mit geriebenem Meerrettich bestreichen und immer zwei zusammenkleben.

Die geklebten Scheiben mit Mehl, Eiern und geriebenem Weißbrot panieren.

In heißem Fett goldgelb backen.

Mit einem Gemüse von jungen Erbsen servieren.

Zander, gebraten

1 St Zander
1 St Rosmarinzweig
2 St Thymianzweige
2 St Knoblauchzehen, ungeschält
1 St Salbeizweig
0,1 l Fischfond
0,1 l Weißwein
50 g Butter
Olivenöl, Salz, Pfeffer

*

Zander säubern, schuppen und Flossen abschneiden.

Zander auf beiden Seiten einschneiden.

Zander innen und außen mit Salz und Pfeffer würzen.

Die Bauchhöhle mit der Hälfte der Kräuter füllen.

Olivenöl in einer feuerfesten Form erhitzen und Fisch und restliche Kräuter hineinlegen.

Zander wenden und für 5 Minuten in die Backröhre bei 180 Grad stellen.

Weißwein angießen und 15 Minuten in der Backröhre weitergaren, dabei öfters mit dem Bratfond übergießen.

Zander warmstellen.

Bratfond mit dem Fischfond verkochen und passieren.

Sauce abschmecken und mit dem Zander anrichten.

Rehpüree

500 g Rehbraten
Wild- oder Bratensauce
0,1 l Sahne
Wacholderbeeren, Thymian, Rosmarin
100 g Sellerie
4 St Eigelb

*

Wacholderbeeren zerdrücken und in der Sahne ziehenlassen.

Sellerie waschen, schälen und klein schneiden.

Reste des Rehbratens ebenfalls klein schneiden.

Beides zusammen in etwas Butter anschwitzen.

Mit Sauce auffüllen, so daß alles knapp bedeckt ist und köcheln lassen.

Wacholdersahne darüber passieren und einkochen.

Sellerie und Rehfleisch abpassieren und durch die feine Scheibe des Wolfes drehen.

Mit der Sauce zu einem geschmeidigen Püree verrühren.

In ein Wasserbad stellen und mit Eigelben legieren.

Mit gehackten Kräutern, Salz und Pfeffer abschmecken.

Mann kann das Püree mit pochierten Eiern oder mit Kräuter-Eierkuchen als Törtchen geschichtet und mit Pfeffersauce nappiert servieren.

„Um zwei Uhr zweihundert Gedecke im großen Saale des Stadthauses mit Rezitation, Gesängen und Toasts.“

Fünfzigjähriges Dienstjubiläum im Doppelpack

Die zweite Hälfte des Jahres 1825 wurde gleich durch mehrere Jubiläumsfeierlichkeiten in Weimar geprägt. Am 3. September hatte nicht nur der Großherzog Carl-August Geburtstag, gleichzeitig konnte er auch auf eine 50jährige Regentschaft zurückblicken. Carl-August ist es sicherlich zu verdanken, daß er Goethe nach Weimar holte, aber in der Freundschaft zwischen den beiden liegt der Grund dafür, daß er Goethe für ein Leben an Weimar binden konnte. Auf aufwendige Feierlichkeiten wollte der Großherzog anläßlich dieses Jubiläums verzichten. Erster Gratulant, man wird es sogleich vermuten, war selbstverständlich Goethe.

„Um bei der Feier des Regierungsjubiläums seinem fürstlichen Freunde die erste Begrüßung zu bringen, begab er sich schon vor sechs Uhr Morgens zu ihm. Er überreichte ihm eine nach seiner Angabe und nach Meyer's Zeichnung geprägte Denkmünze, deren Vorderseite das mit einem Lorbeerkranze umwundene Bildnis des Großherzogs zeigt; auf der Rückseite ist der Thierkreis gravirt, oben die Waage, in deren Zeichen der Fürst geboren war; mit der Inschrift: der fünfzigsten Wiederkehr MDCCCXXV. Es war ein rührender Moment, als sich die beiden Freunde, die ein halbes Jahrhundert zusammen verlebt hatten, begrüßten. Der Großherzog hatte Goethe's Hände ergriffen, der anfangs nicht zu Worte kommen konnte und endlich nur sagte: ‚bis zum letzten Hauch beisammen!‘ Der Großherzog, zuerst sich fassend, gedachte ihrer frohen Jugendzeit; ‚o achtzehn Jahr und Ilmenau!‘ hörte man ihn sagen. Zuletzt schloß er mit den Worten: ‚Gedenken wir aber dankbar besonders daran, daß uns auch heut' noch erfüllt ist, was uns einst in Tiefurt vorgesungen wurde:

‚Nur Luft und Licht und Freundeslieb'!
Ermüde nicht, wenn dies noch blieb!‘

‚Das Dreifache gab mir, was ich gegeben!' antwortete Goethe. Der fürstliche Freund umarmte ihn und zog ihn dann zu einem Fenster hin, wo beide leise sprachen, so daß nur des Fürsten letzte Worte, die auf Goethe's bevorstehende Jubelfeier sich bezogen, vernommen wurden: ‚Ich werde es ja noch erleben!'

Zur Logenfeier des Festtages verfaßte Goethe eine lyrische Trilogie, welche die Hinweisung auf das Dauernde im flüchtigen Wechsel des Daseins in erhebenden Worten ausführt. Goethes Haus war mit symbolischen Gemälden und mannigfachen Gewächsen längs der Fronte wie mit einem Garten geschmückt und jedem zu freiem Zutritt geöffnet. ‚Der beglückteste Diener seines Fürsten', hatte er geäußert, müsse an diesem Tage auch das Recht haben, ihn aufs ausgefallenste zu feiern, und daran, daß man mit ihm diesen Jubeltag begehe, wolle er seine Freunde erkennen.' Nach dem Schlusse der Oper Semiramis, mit der das neue Theatergebäude eingeweiht wurde, waren sieben Zimmer seines Hauses zum Empfang der Gäste glänzend erleuchtet, und es wogte auf und ab von Besuchenden, die aufs freundlichste bewirthet wurden. In diesen Räumen begrüßte er auch seinen geliebten Fürsten und alle Notabilitäten, welche die Feier des seltenen Festes in Weimar vereinigt hatte. Auf seinem Gesichte war die herzliche Freude zu lesen; obwohl er schon um 4 Uhr aufgestanden war, verweilte er doch bis nach Mitternacht unter seinen Gästen. ‚In jenen Tagen des Festes', schreibt er an Zelter, ‚hab ich mich, wie ich nicht läugnen will, männlicher benommen, als die Kräfte nachhielten; was ich aber that, war nothwendig und gut, und so wird sich denn auch wohl das gewohnte liebe Gleichgewicht bald wieder herstellen.'" (J. W. Schaefer, Goethe's Leben, 2. Bd, S. 340-342)

Die Kammerzofe von Goethes Schwiegertochter Ottilie, Amalie Näther, erinnerte sich wie folgt an diese Jubiläumsfeierlichkeiten.

„Zum Regierungsjubiläum Carl Augusts wurde Goethes Haus vom Hofgärtner Baumann aus Jena mit Kränzen und Girlanden dekoriert, zu deren Herstellung man drei Tage gebraucht hatte. Abends war *festliches Souper*, zu welchem für die fürstlichen Personen und die vornehmen Gäste im langen Saal gedeckt war. Auch in allen übrigen Zimmern waren Tafeln mit Speisen und Getränken besetzt. Jedermann ohne Unterschied hatte Zutritt, und der alte Herr ging von einem Zimmer zum andern, nötigte die Schüchternen zum Zulangen und forderte sie wiederholt auf: Wollen wir nicht auf das Wohl des Jubilars anstoßen? Erst gegen zwei Uhr entfernten sich die Hoheiten und gaben damit das Zeichen zum Schluß der Feier. Am folgenden Tag trug mir Frau von Goethe auf: Gehen Sie zum Vater und bitten Sie ihn, daß er mir von John oder von Herrn Sekretär Schuchardt ein paar Federn schneiden läßt. Als ich meine Bitte vorgetragen hatte, sagte Exzellenz: Herr Baumann hat mir gesagt, Du hättest vom Kranzbinden wehe Hände bekommen. Da muß etwas zur Heilung aufgelegt werden. Hier schenke ich dir mein Bild. Ich besah es, legte es aber aufs Pult und sprach: Ich mag es nicht, es ist häßlich! - Was, rief Exzellenz, ich wäre häßlich! - Nein, antwortete ich, Exzellenz nicht, aber das Bild! Da fing er an laut zu lachen und auch Schuchardt und John konnten das Lachen nicht unterdrücken. Ich aber war so erschrocken, daß ich hinauseilen wollte; da rief Goethe: Kind, du hast ja die Federn vergessen!

Als ich umkehrte, reichte er mir eine mit seinem Bild gezierte Tasse und fragte: Gefällt dir dieser Kopf? - Ach ja, Exzellenz, das ist gut getroffen! rief ich. Nun gut, sagte er, wenn es dir gefällt, so wirst du es wohl behalten. Ich ergriff seine Hand, um sie dankend zu küssen, er aber nahm mich beim Kopf und küßte mich auf die Stirn."

Wenige Tage später konnte auch Goethe ein Jubiläum feiern. Am 7. November 1825 war er nunmehr ein halbes Jahrhundert in Weimar. Hierzu organisierte der Großherzog die Feier zum 50jährigen Dienstjubiläum.

Von Heinrich Carl Friedrich Peucers, seit dem Jahr 1815 Direktor des Oberkonsistoriums, stammt dieser Augenzeugenbericht:

„Gestern hat Weimar den denkwürdigen 7. November gefeiert, wo im Jahre 1775 Goethe zuerst in unsere Mauern trat. Er wurde ganz früh vor dem Erwachen durch einen sanften Choralgesang unter dem Gartenfenster seines Schlafzimmers überrascht. Um 9 Uhr versammelten sich alle singende Damen und Freundinnen des Goetheschen Hauses, wohl vierzig an der Zahl, in dem größern Visitenzimmer und empfingen den Eintretenden mit einer Morgenkantate, Text von Riemer, Musik von Karl Eberwein. Alle Minister und höheren Staatsdiener, auch jenaische Professoren, Fremde usw. waren hierauf in den anstoßenden Zimmern seines Eintritts gewärtig. Der Staatsminister von Fritsch überreichte ihm ein Großherzogliches Handschreiben mit einer auf diesen 7. November geprägten Medaille [...]. Der Stadtrat überreichte ein Bürgerrechtsdiplom für die beiden Enkel Walther und Wolf von Goethe. Die Loge gratulierte, mehrere Landescollegia, die Bibliothek, die Akademie. [...] In dem einen Zimmer war eine vollständige Ausstellung von allerlei Industrie- und Kunstarbeiten der hiesigen Damen, von welchen jede etwas für ihn diesem Tage zu Ehren mit eigner Hand gearbeitet hatte. Um 10 Uhr kam der Hof, die ganze großfürstliche und erbgroßherzogliche Familie. Um 11 Uhr war große Zeremonie auf der Bibliothek, wohin eine ziemliche Menge Karten an Herren und Damen ausgeteilt waren. [...] Abermals Gesang, komponiert von Hummel, und Rede vom Kanzler von Müller, Gegenrede von Riemer.

Um 2 Uhr zweihundert Gedecke im großen Saale des Stadthauses mit Rezitation, Gesängen und Toasts. [...] Abends ‚Iphigenie' von Goethe im Theater, bei stürmischem Applaus; der Abgang beklatscht; die ganze Darstellung meisterhaft, der schönsten Zeiten unsers Theaters würdig. Goethe war zugegen bis in den dritten Akt. Er wurde vor Anfang des Stücks beklatscht und mit Bravorufen empfangen. Abends nach dem Theater Abendmusik in Goethes Hause durch die Kapelle, von Hummel komponiert. Dem Vernehmen nach hat er alle diese Herren nach beendigter Musik bei sich zum Abendessen behalten. Eckermann übergab ein Gedicht. So endete dieser Tag."

Blini

200 g Mehl
2 St Eigelb
1 St Ei
10 g Hefe
450 g Milch
100 g Buchweizenmehl
2 St Eiklar
Salz, Pfeffer, Muskat

*

Mehl sieben.

Lauwarme Milch mit Ei, Eigelb und der Hefe verrühren und damit das Mehl glattrühren.

An einem warmen Ort ca. 15 Minuten gehen lassen.

Buchweizenmehl einrühren.

Eiklar zu Schnee schlagen und unterheben.

In einer Pfanne mit wenig Fett backen (wenn sich an der Oberfläche Bläschen bilden, wenden).

Schmecken sehr gut mit Kaviar und Sauerrahm.

Krebssuppe mit Dill

1 kg Krebskarkassen
100 g Sellerie
100 g Karotten
1 St Lauch
3 Bd Dill
0,1 l Wermuth, trocken
0,3 l Weißwein
0,5 l Fischfond
0,2 l Sahne
0,3 l Crème fraîche
Salz, Pfeffer, 2 Lorbeerblätter
Öl zum Braten

*

Krebskarkassen waschen, abtrocknen und zerkleinern.

Gemüse putzen und kleinschneiden.

Krebskarkassen und Gemüse in Öl hell anbraten.

Mit Wermuth und Weißwein ablöschen und um die Hälfte einkochen.

Mit Fischfond, Sahne und Crème fraîche auffüllen.

Lorbeerblätter und Dill zugeben und um ein Viertel einkochen.

Suppe passieren, evtl. mit etwas Stärke binden und abschmecken.

Fasanenbrust mit Feigen und Nüssen im Wirsingblatt

4 St Fasanenbrüste ohne Haut
1 St Wirsing, klein
120 g Feigen, getrocknet
100 cl Walnüsse oder Nußmischung nach Geschmack
5 cl Portwein
Zeste einer Orange
2 Scheiben Toastbrot, gerieben
4 Scheiben geräucherten Bauchspeck

*

Feigen in kleine Würfel schneiden und in Portwein einweichen.

Wirsingblätter im Ganzen vorsichtig vom Kopf lösen.

In kochendem Salzwasser eine Minute blanchieren und in Eiswasser abschrecken und mit Küchenhandtuch abtrocknen.

Fasanenbrüste mit Salz und Pfeffer würzen und auf jeder Seite ca. eine Minute goldbraun anbraten, abkühlen lassen.

Walnüsse grob hacken und mit den eingeweichten Feigen mischen.

Feigen-Nußmasse mit dem geriebenen Toastbrot binden.

Von den Wirsingblättern die Rispen ausschneiden und ausbreiten.

Mit $^1/_4$ der Feigen-Nußmasse bestreichen.

Fasanenbrust darauflegen und einschlagen.

Das Wirsingpäckchen mit einer Speckscheibe umwickeln.

Auf einem flachen Blech die Fasanenbrüstchen bei 180 Grad 10 Minuten im Backrohr backen.

Wirsinggemüse:

Den restlichen Wirsing in feine Streifen schneiden.

Speck und Zwiebelwürfel in Butter andünsten, Wirsingstreifen zugeben und mit Sahne einkochen lassen.

Mit Muskat, Salz und Pfeffer abschmecken und zu den Fasanenbrüstchen servieren.

Portweinsauce:

Kleine Schalottenwürfel in Butter mit etwas Honig angehen lassen.

Mit Portwein ablöschen und um die Hälfte einkochen lassen.

Mit Wildfond auffüllen und gut durchkochen.

Mit Salz, Pfeffer und Preiselbeeren abschmecken.

Mit Stärke binden.

GRATINIERTES RINDERKOTELETT MIT ROTWEINSCHALOTTEN

1 kg Rinderkotelett (ca. 4 cm dick)
Salz, Pfeffer, Thymian, Knoblauch
0,1 kg Rindermark
0,1 kg Weißbrotbrösel oder feine Würfel
2 St Eigelb
Salz, Pfeffer, Teelöffel Dijonsenf, Thymian
0,3 kg Schalotten
1 Flasche Rotwein
0,3 l Bratensauce
Schinkenschwarte
Prise Zucker
Butter

*

Rindermark in einem Töpfchen auslassen, passieren und auf Zimmertemperatur abkühlen.

Rindermark schaumig schlagen und Weißbrotbrösel und Eigelbe zugeben.

Mit den Gewürzen abschmecken.

Rinderkotelett mit Salz und Pfeffer würzen.

In einer Pfanne von jeder Seite ca. 3 bis 4 Minuten mit Thymianzweigen und den geschälten Knoblauchzehen braten.

Kotelett herausnehmen und auf das Backblech legen, Pfanne beiseite stellen.

Kotelett mit der Gratinmasse bestreichen und bei guter Oberhitze im Backrohr ca. 4 Minuten fertiggaren.

Fett, Thymianzweige und Knoblauch aus der Pfanne nehmen.

Die geschälten Schalotten mit Butter, der Schinkenschwarte und einer Prise Zucker hellbraun braten.

Mit Rotwein ablöschen und um die Hälfte einkochen.

Mit Bratensaft auffüllen und verkochen.

Eventuell mit etwas angerührter Stärke binden.

Mit Salz, Pfeffer, etwas Dijonsenf und frisch gehackten Kräutern abschmecken.

Weimarer Klassik im Überlick

1759 Herzogin Anna Amalia (1739-1807) übernimmt nach dem Tod ihres Mannes die Regierung

1771 *Herder: Abhandlung über den Ursprung der Sprache*

1772 Die Herzoginwitwe Anna Amalia verpflichtet Christoph Martin Wieland als Erzieher ihrer beiden Söhne Carl August und Constantin nach Weimar

1773-1810 Herausgabe der allgemeinbildenden Monatszeitschrift „Teutscher Merkur" durch Wieland

1775 Einrichtung der „Tafelrunde" durch die Herzoginwitwe Anna Amalia

1775 Einrichtung des Weimarer Liebhabertheaters im Weimarer Redoutensaal, in Ettersberg und Tiefurt

1775 Herzog Carl August übernimmt am 3. September die Regierung; Die Herzogin Anna Amalia zieht ins Wittumspalais (= Witwensitz)

1775 Am 7. November trifft Johann Wolfgang Goethe in Weimar ein

1775 Freundschaft zwischen Goethe und Charlotte von Stein; intensive Beziehung, in über 1600 Briefen von Goethe an sie belegt

1776 Goethe wird Geheimer Legationsrat in Weimar

1776 Herder wird Generalsuperintendant des Herzogtums Sachsen-Weimar und zieht mit seiner Familie nach Weimar (1. Oktober)
Beginn einer Freundschaft mit Goethe

1776 Die Schauspielerin Carona Schröter kommt von Leipzig nach Weimar

1779 am 6. April Aufführung von Goethes „Iphigenie" im Weimarer Liebhabertheater mit Carona Schröter als Iphigenie und Goethe als Orest

1779 erste Begegnung zwischen Schiller und Goethe am 14. Dezember in Stuttgart

1781-1784 Herausgabe des „Tiefurter Journals" durch die Herzoginwitwe Anna Amalia

1782 Goethe bezieht das Wohnhaus am Frauenplan

1784-1791 *Herder: Ideen zur Philosophie der Geschichte der Menschheit*

1786-1788 Goethe: Erste Italienreise, Aufenthalt in Rom, Neapel und Sizilien, Begegnung mit Angelika Kauffmann, Heinrich Tischbein, Karl Philipp Moritz, Heinrich Meyer

1787 *Goethe: Egmont*

1787 am 23. Juli erster Besuch von Friedrich Schiller bei Wieland in Weimar

1787 am 3. Oktober erste Zusammenkunft der Mittwochsgesellschaft

1787 *Schiller: Don Carlos*

1788 *Goethe: Römische Elegien*

1788 am 7. September Begegnung zwischen Goethe und Schiller in Rudolstadt

1788 Schiller erhält auf Empfehlung Goethes eine Professur in Jena

1788 nach der Rückkehr aus Italien Bruch zwischen Goethe und Charlotte von Stein

1788-1790 Italienreise der Herzoginwitwe Anna Amalia mit Luise von Göchhausen, von Einsiedel, Dr. Huschke, Freundschaft zu der Malerin Angelika Kauffmann

1789 *Goethe: Torquato Tasso*

1790 Gründung eines geselligen Zirkels durch die Hofdame Luise von Göchhausen

1790er Jahre *Herder: Briefe zur Beförderung der Humanität*

1790 am 22. Februar Heirat von Friedrich Schiller mit Charlotte von Lengefeld

1790 am 6. Februar Aufführung von Schillers „Kabale und Liebe" in Weimar

1791 Goethe wird Direktor des neugegründeten Hoftheaters

1791 am 9. September erste Sitzung der von Goethe initiierten Freitagsgesellschaft, einem Treffen von Wissenschaftlern zwecks Austausch (bis 1805)

1793/94 Goethe: Reineke Fuchs

1794 14.-28. September Aufenthalt von Schiller bei Goethe im Haus am Frauenplan

1794 Beginn einer freundschaftlichen Zusammenarbeit

zwischen Goethe und Schiller

1794 *Goethe: Wilhelm Meister*

1794 gemeinsame Arbeit von Goethe und Schiller an der Zeitschrift „Die Horen", intensiver Briefwechsel, gemeinsame literarische Arbeit

1794 *Charlotte von Stein: Dido*

1795/1796: Schiller: Über naive und sentimentale Dichtung

1796 *Goethe und Schiller: Xenien*

1797 Die Künstlerin Caroline Jagemann kommt nach Weimar

1797 *Goethe: Hermann und Dorothea*

1798 Herausgabe der Zeitschrift „Die Propyläen"

1798 *Schiller: Wallenstein*
am 12. Oktober Uraufführung des Wallenstein im neuerbauten Weimarer Theater

1799 Friedrich Schiller nimmt seinen Wohnsitz in Weimar

1799 am 20. April Uraufführung von Schillers „Wallensteins Tod" im Hoftheater Weimar

1799/1800 *Schiller: Maria Stuart*

1800 am 14. Mai Uraufführung von Schillers Bearbeitung des „Macbeth" im Weimarer Theater

1800 Uraufführung von Schillers „Maria Stuart" im Hoftheater Weimar (14. Juni)

1800 Gründung des „Mittwochskränzchen" durch Goethe (28. Oktober)

1800 *Schiller: „Maria Stuart ein Trauerspiel" Schiller: Die Jungfrau von Orleans*

1801/1802 Einrichtung eines Mittwochskränzchens (Cour d'amour) durch Goethe

1802 Aufführung von Schilllers „Don Carlos" in Weimar

1802 Erstaufführung von Friedrich Schlegels „Alarkos" im Weimarer Hoftheater

1803 am 18. Dezember Tod Herders

1803 *Schiller: Die Braut von Messina*

1803 am 23. April Erstaufführung von Schillers „Jungfrau von Orleans" in Weimar

1804 *Schiller: Wilhelm Tell*

1804 am 17. März Uraufführung von Schillers„Wilhelm Tell"

1804	*Schiller: Demetrius*
1805	Mittwochsgesellschaft bei Goethe (bis etwa 1820)
1805	Tod von Friedrich Schiller (9. Mai)
1806	Vollendung des ersten Teils des Fausts durch Goethe
1806	Einrichtung der Teeabende durch Johanna Schopenhauer
1806	am 19. Oktober heiratet Goethe Christiane Vulpius
1807	Tod der Herzoginwitwe Anna Amalia am 10. April
1809	*Goethe: Wahlverwandtschaften*
1812	*Goethe: Dichtung und Wahrheit*
1813	Tod Wielands am 20. Januar
1816	Clemens Wenzeslaus Coudray wird Stadtbaumeister in Weimar; die Stadt erhält ein klassizistisches Bild
1816	Tod von Goethes Frau Christiane Vulpius
1819	*Goethe: Westöstlicher Divan*
1821	*Goethe: Wilhelm Meisters Wanderjahre*
1827	Tod von Charlotte von Stein
1828	Tod des Großherzogs Carl August am 14. Juni in Gradlitz bei Torgau
1828	*Goethe: Novelle*
1829	Erstaufführung von Goethes „Faust" am 29. August im Weimarer Theater
1832	*Goethe: Faust, zweiter Teil*
1832	Tod Goethes am 22. März

Literatur

Ahrendt, Dorothee, Aepfler, Gertraud, Goethes Gärten in Weimar, (hg. von der Stiftung Weimarer Klassik), Leipzig (1994).

Beutler, Ernst, Essays um Goethe. Erweiterte Frankfurter Ausgabe. Herausgegeben von Christian Beutler, (Frankfurt am Main und Leipzig 1995).

Biedrzynski, Effi, Goethes Weimar. Das Lexikon der Personen und Schauplätze, (Zürich 1992).

Bock, Heinrich, Literaturreisen Wege Orte Texte Wieland in Biberach und Weimar, (Stuttgart 1990).

Bockholt, Werner, Buchholz, Frank, Goethes erotische Liebesspeisen. Ein literarisches Kochbuch, Warendorf (1997).

Bockholt, Werner, Frauenberger, Herbert, Das Johann Wolfgang von Goethe Kochbuch. Ein literarisches Kochbuch, Warendorf (1996).

Bockholt, Werner, Schulte Huxel, Elisabeth, Was Sie schon immer über Johann Wolfgang von Goethe wissen wollten, bisher aber nicht zu glauben wagten, (Warendorf 1995).

Bode, Wilhelm, Goethes Leben 1774-1776 Die Geniezeit, Berlin 1922.

Bode, Wilhelm, Goethes Leben 1776-1780 Am Bau der Pyramide seines Daseins, Berlin 1925.

Bode, Wilhelm, Goethes Leben 1781-1786 Pegasus im Joche, Berlin 1925.

Bode, Wilhelm, Goethes Liebesleben. Dichtung und Wahrheit, (Berlin 1913)

Boerner, Peter, Johann Wolfgang von Goethe (Hamburg 1993) (rowohlts monographien 100).

Conrady, Karl Otto, Goethe. Sein Leben und seine Zeit, (München 1963).

Einhundertfünfundfünfzig nützliche Rezepte. Das Kochbuch von Schillers Chrémère, Louise von Lengefeld, hg. von Viktoria Fuchs und Ursula Weigl. Mit einem Vorwort von Norbert Oellers und Anmerkungen zur Lengefeldschen Küche von Vincent Klink, Stuttgart (1997).

Falk, Johannes, Goethe aus näherm persönlichen Umgange

dargestellt. Ein nachgelassenes Werk von Johannes Falk, Leipzig 1856.
Fisch mit Parmesan. Rezepte aus dem Goethe-Haus, hg. und mit einem Vorwort von Werner Liersch, (Chemnitz 1991).
Freitag, Egon, Goethes Alltagsentdeckungen. Das Volk interessiert mich unendlich, Leipzig (1994).
Friedenthal, Richard, Goethe. Sein Leben und seine Zeit, (Frankfurt/M., Berlin, Wien 1978).
Goethe, Johann Wolfgang von, Goethes Werk, hg. im Auftr. d. Großherzogin Sophie von Sachsen, Nachdr. d. Ausg. Weimar 1887-1919, München 1987.
Goethes Briefe an Charlotte von Stein, hg. von Hans Heinrich Borcherdt, 2 Bde., Berlin (o.J.).
Goethe in vertraulichen Briefen seiner Zeitgenossen, zusammengestellt von Wilhelm Bode, I 1749-1793, II 1794-1816, III 1817-1832, Berlin und Weimar 1982.
Goethes Feste. Herausgegeben und mit einem Nachwort von Uwe Hebekus. Mit zahlreichen Abbildungen, Frankfurt a.M. u. Leipzig 1993.
Goethe im Gespräch. Auswahl und Nachwort von Eduard Korrodi, Zürich (1944).
Goethes Ehe in Briefen. Der Briefwechsel zwischen Goethe und Christiane Vulpius 1792-1816. Herausgegeben von Hans Gerhard Gräf. Mit zeitgenössischen Abbildungen, (Frankfurt 1994).
Bei Goethe zu Gast. Besucher in Weimar, Herausgegeben von Werner Völker, (Frankfurt am Main und Leipzig 1996).
Mit Goethe durch das Jahr. Ein Kalender für dasJahr 1980 (Auswahl, Anmerkungen und Quellenverzeichnis von Effi Biedrzynski), Zürich und München (1979).
Goethe, Ottilie von, Goethes Schwiegertochter. Ein Porträt. Herausgegeben und mit einem Nachwort versehen von Ulrich Janetzki, Frankfurt/M., Berlin, Wien 1984.
Grasdorf, Erich, Brunner, Peter, Zu Tisch mit Goethe. Rezepte aus der Zeit der deutschen Klassiker, Von Osten nach Westen Zu Hause am besten, (Aarau/Schweiz 1995).
Große, Wilhelm, Grenzmann,Ludger, Klassik Romantik, (Stuttgart 1983) (Geschichte der deutschen Literatur 2).

Hohenstein, Friedrich August, Weimar und Goethe. Ereignisse und Erlebnisse, Berlin (1931).
Klauss, Jochen, Alltag im >klassischen< Weimar 1750-1850, Weimar (1990).
Kleßmann, Eckart, Christiane. Goethes Geliebte und Gefährtin, Darmstadt (1992).
Kleßmann, Eckart, Goethe aus der Nähe. Berichte von Zeitgenossen, ausgewählt und kommentiert von Eckart Kleßmann, Darmstadt 1994.
Kühnlenz, Fritz, Schiller in Thüringen. Stätten seines Lebens und Wirkens, Rudolstadt 1973.
le Coullon, Francois, Der elegante Theetisch, oder die Kunst, einen glänzenden Zirkel auf eine geschmackvolle und anständige Art ohne großen Aufwand zu bewirthen. Weimar 1829.
Lindheimerin, Anna Margaretha Justina, Das Kochbuch von Goethes Großmutter, hg. von Manfred Lemmer, Kommentar und Transkription von Eva Beck, (Frankfurt/M. 1980).
Maurer, Doris, Charlotte von Stein. Eine Biographie. Mit zahlreichen Abbildungen, (Frankfurt am Main und Leipzig 1997).
Middell, Eike, Friedrich Schiller. Leben und Werk, Leipzig 1982.
Müller, Ulrike (Hg.), Der Umgang hier scheinet mir sehr angenehm und gar nicht kostspielig. Frauenpersönlichkeiten der Weimarer Klassik, (Weimar 1998).
Salentin, Ursula, Anna Amalia. Wegbereiterin der Weimarer Klassik. Köln, Weimar, Wien 1996.
Schaefer, J. W., Goethe's Leben, Leipzig 3. Aufl. 1877.
Schillers Leben und Werk in Daten und Bildern, hg. von Bernhard Zelle, (Frankfurt am Main 1966).
Schroeder, Susanne, Damaschke, Petra, Tafelrunden. Fürstenberger Porzellan der Herzogin Anna Amalia in Weimar, (München, Wien 1996).
Schury, Gudrun, Goethe-ABC, Leipzig (1997).
Seele, Astrid, Frauen um Goethe (Hamburg 1997) (rowohlts monographien 492).
Stadtlaender, Chris, „Die kleine Welt" am Frauenplan. Der Alltag Goethes mit Christiane Vulpius, Nachwort: Robert Steiger, Zürich 1987).

Werner, Charlotte Marlo, Goethes Herzogin Anna Amalia. Fürstin zwischen Rokoko und Revolution, Düsseldorf 1996.
Wolff Metternich, Beatrix von, Zur Geschichte der Porzellanmanufaktur Fürstenberg, in: Tafelrunden. Fürstenberger Porzellan der Herzogin Anna Amalia in Weimar, (München, Wien 1996), S. 23-31.
Wilpert,Gero von, Goethe-Lexiko, Stuttgart (1998).

Rezeptregister